고난이 내게 준 선물

고난이 내게 준 선물

지은이 | 바실레아 슐링크
옮긴이 | 최의진
펴낸이 | 원성삼
펴낸곳 | 예영커뮤니케이션
초판 1쇄 발행 | 2015년 8월 30일
초판 4쇄 발행 | 2023년 3월 29일
등록일 | 1992년 3월 1일 제2-1349호
주소 | 03128 서울시 종로구 대학로3길 29, 313호(연지동, 한국교회100주년기념관)
전화 | (02) 766-8931
팩스 | (02) 766-8934
이메일 | jeyoung@chol.com
ISBN 978-89-8350-924-6 (04230)
ISBN 978-89-8350-801-0 (세트)

값 10,000원

published in English under the title of *The Hidden Treasure in Suffering*
(Original Title : *Zum Gewinn ward mir das Leid*)
Copyright © Evangelical Sisterhood of Mary Darmstadt, Germany, 2009
by M. Basilea Schlink
All rights reserved.
Korean Translateion Copyright © 2015 by Jeyoung Communications

이 도서의 국립중앙도서관 출판예정도서목록(CIP)은 서지정보유통지원시스템 홈페이지
(http://seoji.nl.go.kr)와 국가자료공동목록시스템(http://www.nl.go.kr/kolisnet)
에서 이용하실 수 있습니다.(CIP제어번호: CIP2015022063)

모든 인간은 하나님의 형상을 닮은 존귀한 존재입니다. 사람은 인종, 민족, 피
부색, 문화, 언어에 관계없이 모두 다 존귀합니다. 예영커뮤니케이션은 이러한
정신에 근거해 모든 인간이 존귀한 삶을 사는 데 필요한 지식과 문화를 예수 그리스도의
사랑으로 보급함으로써 우리가 속한 사회에 기여하고자 합니다.

The Hidden Tresure in Suffering

고난이 내게 준 선물

당신의 아버지인 하나님은 사랑이시고, 전지전능하시며, 영원한 분이십니다. 그분의 마음은 사랑 그 자체이며, 그분의 뜻은 선합니다. 비록 당신이 미로에서 방황하고 있는 것처럼 느껴질지라도, 하나님께서는 지혜롭고 영원하신 계획대로 당신을 이끄시며 놀라운 목적을 향해 인도하고 계십니다.
사랑과 진리이신 하나님께서는 절대로 자기 자녀를 혼란 속으로 인도하지 않으심니다. 당신이 다만 그렇게 볼 뿐입니다. 하나님을 신뢰하고 기다리십시오. 그러면 그 무의미해 보였던 길에 하나님의 깊은 뜻이 있다는 것을 발견하게 될 것입니다. 주님은 우리가 그분께 경외심을 갖게 할 돌파구를 마련하고 계십니다.

15가지
고난에서 발견한
하나님의 사랑

바실레아 슐링크 지음
최의진 옮김

예영커뮤니케이션

추천사

수많은 고생과 역경으로 얼룩진 한국 역사로 인해 한국인들은 고난이란 말만 들어도 피하고 싶어지는 것이 사실입니다. 하지만 한국인만이 아니라 세상 어느 민족이 고난을 두 팔 벌려 환영하겠습니까!

그런데 고난과 죽음 이후에 부활하신 주님은 우리에게 "고난이 결코 마지막이 아니다."라고 복음서를 통해 알려 주십니다. 고난은 피하려 하면 할수록 누구도 피할 수 없는 것이 현실이지만 고난을 주님과 함께 통과하기로 다짐하는 그리스도인이라면, 그 고난을 통해 놀라운 보화를 발견할 수 있습니다. 또한 주님이 함께하시기에 세상이 줄 수 없는 평강을 느낄 수 있습니다.

이 책을 읽고 나면 우리는 고난과 역경을 통해 주님이 나를 빚어 가시고 열매 맺어 가신다는 확신을 갖게 될 것입니다. 또한 영원한 생명에 대한 소망을 갖게 하며, 예수님의 부활 생명을 내 안에 자라게 하시는 신실한 하나님을 만나게 될 것입니다.

우리는 자신의 권리를 찾기 위해 아웅다웅 싸우며 이권 다툼을 하는 것을 당연하게 생각하는 시대에 살고 있습니다. 그럼에도 하나님의 자녀는 하나님의 길과 방법으로 세상을 능히 이길 수 있는 영적 싸움을 할 수 있으며, 그 안에 감추어진 보화도 발견할 수 있다고 이 책은 말합니다.

너는 범사에 그를 인정하라 그리하면 네 길을 지도하시리라(잠 3:6).

여호와께서 너희를 위하여 싸우시리니 너희는 가만히 있을지니라(출 14:14).

마음이 온유하고 겸손하신 주님과 함께 멍에를 지면 주님이 지니신 모든 것—사랑과 도움, 위로와 긍휼, 천국의 기쁨과 축복—을 누리게 됩니다. 성령의 도우심으로 일상에서 주님과 깊은 교제를 나눌 수 있습니다. 그리고 약속하신 대로 주님은 우리를 그분이 목표하신 데까지 인도하십니다.

이 책은 일상의 삶에서 받는 고통과 아픔, 상처를 주 안에서 새롭게 보게 하고, 예수님의 약속대로 "나의 평안을 너희에게 주노라 내가 너희에게 주는 것은 세상이 주는 것과 같지 아니하니라"(요 14:27)는 평강을 얻게 해 주며, 잠시뿐인 현재의 고통을 넘어서 영원한 생명을 바라보게 합니다.

하나님은 용서하는 사랑과 그리스도의 마음을 품은 자를 통해 축복의 강이 세상으로 흘러가게 하십니다. 하나님의 축복과 임재가 머무는 사람을 세상은 감당치 못합니다.

이 책을 읽는 독자들이 그리스도 안에서 놀라운 비밀을 발견해 가기를 소망합니다.

차례

The Hidden Tresure in Suffering

고난, 첫 번째

근심

근심의 소용돌이 속에 있을 때 당신은 밤에도 평안히 잠을 이룰 수 없습니다. 해결책이 보이지 않는 어렵고 복잡한 상황에 직면한 데다가 산더미 같은 걱정이 불쑥 떠올라 그것을 어떻게 해결해야 할지, 어디에 도움을 청해야 할지 모르는 처지에 놓이게 됩니다. 이는 시간과 여력이 부족해서 문제를 처리할 수 있을지 염려되는 일들일 수도 있고, 또는 경제적으로 궁핍한 상황일 수도 있습니다. 자녀의 양육 문제라든지 자녀의 미래를 위해 필요한 적절한 교육에 대한 걱정이거나 질병으로 인한 염려 또는 연로하신 부모님에 대한 걱정일 수도 있습니다. 이 외에도 여러 근심거리가 당신을 무겁게 누를 수 있습니다.

인간적으로 말해서 대개 우리가 근심하는 데에는 그럴 만한 이유가 있습니다. 하지만 그럴지라도 먼저 하나님의 빛을 구하는 것이 좋습니다. 어쩌면 우리 자신의 책임일지도 모르기 때문입니다. 어떤 사람들은 자신의 소망이나 요구가 이루어지지 않았을 때 걱정으로 모든 시간을 소모합니다. 실제로는 전혀 그렇지 않은데도, 어떤 특정한 요구들이 삶에 필수적이라고 생각합니다. 사람들은 직장이나 다른 삶의 영역에서 꿈꿔 왔던 어떤 지위를 얻지 못했을 때 매우 좌절합니다.

여기에는 우리를 도와줄 간단한 질문이 하나 있습니다.

'내가 이것 때문에 걱정하는 것이 하나님의 뜻인가? 또는 나에게 유익하지도 않고, 가져서는 안 될 것 때문에 내가 걱정에 휩싸여 있는가?'

이런 종류의 문제는 우리가 하나님의 뜻과 연합할

때 간단히 해결될 수 있습니다. '하나님께서 주시지 않는 것은 나도 갖고 싶지 않아. 왜냐하면 하나님께서는 나를 사랑하시고 항상 가장 좋은 길로 인도해 주시기 때문이지. 하나님께서 더 좋은 길을 예비하셨다면 나를 그 길로 인도하셨을 거야.'

하지만 정말 공감할 만한 다른 관점의 걱정도 있습니다. 특히 우리가 돌보아야 할 책임 있는 사람들과 관련된 일이라면 더욱 그렇습니다. 이런 염려가 우리를 얼마나 무겁게 누르는지 나는 알고 있습니다. 나는 200여 명의 자매들과 해외의 19개 지부에 보내져 일하는 자매회의 영적 어머니로 사역하고 있었기 때문에 이런 개인적인 경험이 있습니다. 해외 지부와 마더 하우스가 긴밀히 연결되어 있어서 그 나라의 특정한 상황에 따른 상담, 질병, 사역에 합당한 자매의 모자람 등 많은 어려움과 문제가 내게로 옵니다. 게다가 본부인 독일의 작은 가나안에서 일어나는 모든 문제도 옵니다. 그런 까닭에 나는 날마다 여러 문제를 만나는데 대부분 어떻게 해결해야 할지 모르는 것들입니다.

특별히 근심은 어떤 고통과 그것이 가져올 결과를 확대 과장해서 우리를 우울하게 만듭니다. 그러나 주님은 우리에게 모든 걱정거리를 해결할 수 있는 방법을 보여 주셨습니다. 그것은 바로 우리를 에워싸고 있는 모든 걱정과 문제가 하나님의 영원한 계획의 한 부분이라는 확신입니다. 우리를 사랑하시는 하나님 아버지께서는 모든 사항을 고려하셔서 우리를 이러한 어려움 가운데로 이끄셨고, 동시에 해결책도 마련해 놓으셨습니다. 진정한 아버지는 절대로 아무런 도움도 주지 않은 채 자녀를 내버려 두지 않습니다.

이 사실을 믿기로 결단하자 나는 즉시 하나님께 감사를 드리면서 이렇게 말할 수 있었습니다. "주님께서 해결책을 갖고 계시니 이제 제가 그것을 보여 주시기를 구하면 제 마음속에 알려 주실 것입니다." 예를 들어, 사역에 관해 논의하다가 아무런 해결책이 보이지 않을 때마다 나는 여러 차례 중단하며 하늘에 계신 아버지께 감사 기도와 도움을 청하는 기도를 드리곤 했습니다. "아버지께서는 이 문제의 해결책을 갖고 계시니 다음 단계의 해결책도 알려 주십시오." 그 이후 대체로 아주 갑자기 길이 열리곤 했습니다. 나와 함께 책임을 맡고 있는 자매들이 그 증인입니다.

어려움에 직면했을 때 나는 종종 하늘에 계신 아버지께 찬양을 올려드립니다. 그분은 우리를 사랑하시고 우리의 필요를 아시는 아버지라는 사실을 선포하며 이렇게 노래합니다.

나의 아버지, 당신을 신뢰합니다.
주께서 문제의 해결책을 갖고 계시기에
내 믿음 흔들리지 않습니다.

오 나의 아버지, 당신을 신뢰합니다.
당신이 맡아 책임져 주시기에
내 믿음 흔들리지 않습니다.

오 나의 아버지, 당신을 신뢰합니다.
당신이 길을 보이실 것이기에

내 믿음 흔들리지 않습니다.

오 나의 아버지, 당신을 신뢰합니다.

당신의 도움이 분명히 올 것이기에

내 믿음 흔들리지 않습니다.

이렇게 찬양하고 나면 내 마음에 기쁨이 넘치고, 이렇게 사랑과 정성으로 돌보시는 분이 우리 아버지라는 사실로 인해 감사가 생깁니다. 하나님으로부터 도우심과 해결책이 올 것을 알았고, 실제로도 그 도움이 왔기 때문입니다.

당신도 여러 가지 책임을 맡고 있으면서 특정한 상황에서 어떻게 행동해야 하는지, 자녀들을 어떻게 권고해야 하는지, 어려움을 어떻게 해결해야 하는지, 여러 가지 난관이 얽힌 복잡한 문제를 어떻게 풀어야 하는지 모르는 상황에 처해 있을지도 모릅니다. 그렇다면 개인적으로 내게 매우 유용했던, 주님께서 나에게 보여 주신 이 방법을 시도해 보면 어떨까요? 모든 염려의 산들이 하나님 앞에서 밀랍같이 녹는 것을 발견하게 될 것입니다(시 97:5).

하나님께서는 우리의 어려움과 문제의 원인이 사람이든 환경이든지 간에 말 한마디로 모든 것을 바꾸실 수 있는 분입니다. 그분에게 불가능은 없습니다. 우리는 예수 그리스도를 통해 그분의 자녀가 되었고, 하나님은 우리를 사랑하시기에 우리를 돕기 위해서라면 그분의 권능으로 무엇이든지 하실 것입니다. 대개는 조금만 인내심을 갖고 기다리기만 하면 됩니다. 그러나 하나님께서 도움을 주실 때는 결코 늦는 법이 없으십니다.

걱정거리를 한가득 지고 있을 때 가장 중요한 것은 하나님 아버지께 어린아이처럼 나아가는 것입니다. 예수님은 아버지에 관해 이렇게 말씀하셨습니다. "너희 중에 아버지 된 자로서 누가 아들이 생선을 달라 하는데 생선 대신에 뱀을 주며"(눅 11:11). 세상의 아버지도 자기 자녀를 돌보는데 하물며 하늘에 계신 우리 아버지께서 구하는 자에게 좋은 것을 주시지 않겠습니까? 우리가 아버지의 사랑과 도움을 신뢰하고 와서 구하기만 한다면 예수님은 우리가 하나님께 간구한 것을 받게 될 것이라고 보증하셨습니다.

오래전 우리 공동체가 매우 어려운 상황에 놓여 인간적인 도움으로는 더 이상 해결할 수 없었을 때 주님께서는 기도하던 중에 이 말씀을 주셨습니다. 몇 주 동안 계속해서 우리는 매일 점심을 먹은 후에 이 구절을 노래로 불렀습니다. "너희 중에 아버지 된 자로서 누가 아들이 떡을 달라 하면 돌을 줄 자가 있느냐? 어디에도 없습니다(진정한 아버지라면 그렇게 하지 않습니다!)." 우리는 약속하신 대로 도움을 주실 하늘 아버지를 온전히 신뢰할 수 있었습니다. 모든 것이 완전히 불가능해 보였지만 하나님께서는 정말 도움을 주셨습니다. 마치 눈앞에서 기적이 일어나듯 산더미같이 쌓여 있던 근심이 사라졌습니다.

근심이 우리를 덮칠 듯이 위협해 올 때 하나님의 말씀을 그대로 믿는 믿음이 필요합니다. 그 말씀을 붙잡고 담대히 나아가서 도와주신다고 하신 약속을 하나님께 상기시켜 드릴 필요가 있습니다.

"주님께서 이렇게 약속하셨고 주님의 이름은 아멘이시니 말씀대로 행하실 것입니다. 여러 문제가 해결되고 모든 걱정이 사라지는 것을 경험할 것입니다. 하나님께 불가능한 것이 무엇이겠습니까? 인간적으로 보면 해결책이 없고 곤경에서 빠져 나갈 길이 보이지 않지만, 하나님께는 불가능한 것이 전혀 없습니다."

하나님은 그 길을 알고 계십니다. 모든 상황에서 우리를 도와주실 수 있으며, 말씀을 통해 하신 약속을 이루실 것입니다. "너희 염려를 다 주께 맡기라 이는 그가 너희를 돌보심이라"(벧전 5:7). 예, 하나님은 모든 상황에서 우리를 돌보아 주십니다.

나는 당신을 이렇게 격려하고 싶습니다. 더 이상 걱정하지 말고 아버지를 신뢰하십시오. 어려움, 불가능, 문제와 사람들 그리고 당신을 걱정하게 만드는 것이 무엇이든지 그것에서 돌이켜, 하나님 아버지와 그분의 사랑이 어떠한지를 생각하십시오. 주님은 당신을 반드시 도와주시고 해결책을 주실 것입니다.

지금 당신의 생각을 전환하고 하나님께서 당신의

아버지가 되신다는 사실과 하나님의 자녀로서 그분 앞에 나아가 당신의 모든 근심을 말할 수 있음에 감사하십시오. 그러면 문제와 어려움 가운데 있을지라도 이렇게 고백할 수 있습니다.

> 나의 아버지, 정말 감사드립니다.
> 당신이 반드시 도우실 것입니다.
> 저를 곤경 가운데 버려 두지 않으시고
> 근심을 해결해 주실 것입니다.
> 나를 사랑하시고 가장 적절한 주님의 때에
> 도움을 주시는 주님의 자녀인 것은
> 엄청난 특권입니다.

고난, 두 번째

견디기 어려운 깨어진 관계

 사람들과의 관계가 깨져 도저히 견딜 수 없는 상황에 있을 때 우리는 도움이 필요합니다. 상대는 배우자, 자녀, 직장동료 또는 이웃일 수도 있는데 그 대상이 누구이든, 해결책도 돌파구도 보이지 않아 말로 다할 수 없는 고통을 당합니다.

그러나 이런 고난 중에서도 하나님은 도움과 치료가 되는 '영적 특효약'을 준비해 놓으셨습니다. 저와 함께 많은 사람들이 이것을 경험했습니다.

나는 얼마 동안 히스테리를 부리는 사람과 함께 살았습니다. 그녀는 이기심과 시기심, 반항심에 시달리며 어떤 것도 객관적이고 올바른 관점에서 볼 수 없었습니다. 이로 인해 내 삶은 모든 것이 뒤틀렸고, 비난하고 화내며 발작하는 것이 하루 일과가 되었습니다. 나는 더 이상 참을 수 없었습니다. 내 입장에서는 이 사람이 내 모든 것을 망쳐 버렸기 때문에 마음속에 쓴 뿌리가 조금씩 생기기 시작했습니다. 이 사람을 상대하고 싶지 않았습니다. 관계는 단절되기 시작했고, 개선할 방법은 없는 것처럼 보였습니다. 무슨 일이 벌어지는지 알게 된 사람들은 모두, 이렇게 산산조각 난 관계는 그 무엇으로도 회복할 수 없을 거라고 했습니다. 그런데 기적적인 방법으로 관계가 회복되는 것을 나는 경험했습니다. 어떻게 해결되었을까요?

어느 날, 나는 괴로워하며 주님께 도와달라고 간절히 기도했습니다. 이 견딜 수 없는 상황을 변화시키기 위해 무엇을 해야 하는지 물었습니다. 그때 갑자기 하나님의 손이 나에게 고통을 주는 그 사람이 아니라 나를 향하고 있다는 것을 깨달았습니다. '변화해야 할 사람은 바로 너다. 너는 모든 것이 상대방의 잘못이라고 생각하지, 네 잘못이 있을 수 있다는 것을 생각지 못한다. 가장 큰 계명 중의 하나가 네 이웃을 네 몸과 같이 사랑하라는 것이 아니냐? 이 사람을 향한 너의 사랑이 어디 있느냐? 그녀도 네 이웃이 아니냐? 너는 그녀를 더 이상 사랑하지 않는다. 사랑하지 않는 것은 죄다. 그뿐 아니라 너는 심지어 분개하면서 억울한 마음을 품고 있다. 성경에서는 원통해하는 것, 다른 사람을 용서하지 않는 것은 가장 심각한 죄들 중 하나이며, 우리를 하나님 나라에 들어가지 못하게 한다고 말한다(마 6:15, 마 18:34, 히 12:15). 너는 비난하는 자 사탄이 너를 자기편으로 끌어들이도록 허용하고 있다. 너의 마음속에서 비난이 계속 일고 있기 때문이다. 하나님 앞에서 죄를 짓고 있다. 너는 극히 정상이지만 이 사람은 상당히 불안정하다는 것을 알고 있다. 너는 사랑과 용서로 극복했어야 했지만 그렇게 하지 못했다. 분노가 네게 폭발할 때마다 너는 뒤로 물러났고 마음을 닫아버렸다.'

예수님께서는 계속해서 이렇게 말씀하시는 것 같았

습니다. '너의 심판자로서 오늘 네게 이렇게 묻는다. 너의 용서와 사랑이 어디 있느냐? 사랑은 다른 사람의 잘못을 담아 두지 않는다. 너는 많은 죄와 결함이 있지만 나의 너그러운 사랑 덕분에 끊임없이 살아가고 있음에도, 나는 네게서 너그러운 사랑을 발견하지 못했다. 그러니 이제 용서하지 않는 엄청난 죄악과 원통함을 회개할 수 있도록 기도하여라. 네가 회개로 불타오를 때 내 십자가의 길로 서둘러 가서 내가 흘린 피로 사함받을 것이다. 나의 피가 너를 깨끗케 함과 동시에 너의 굳어진 마음은 부드러워질 것이며, 원통함 대신 사랑이 흘러나올 것이다.'

그날 이후로 나는 깊은 회개를 위해 기도했습니다. 그 후 몇 주, 몇 달 동안 아침마다 20분을 따로 떼어 통회하는 마음을 구했습니다. 주님의 은혜로 나의 기도는 응답받았고, 주님은 나에게 통회를 허락하셨습니다. 주님의 말씀대로 참회는 불쌍한 죄인인 나를 그 어느 때보다도 더 예수님께로 가까이 이끌어 주었고, 주님께서 나를 통해 새 일을 행하시는 것을 경험할 수 있었습니다. 내 삶을 그토록 힘들게 만들던 그 사람을 향한 긍휼한 사랑을 부어 주신 것입니다.

그 후 다시 한 번 어려운 시기가 찾아왔습니다. 그녀에게서 분노의 말이 나에게 쏟아져 나왔을 때 우리가 서 있던 장소를 아직도 기억합니다. 그때 나 자신도 놀랍게 방어하는 자세로 마음의 문을 닫아버리지 않았고, 갑자기 내 안에 긍휼과 자비로운 사랑이 솟아나는 것을 발견했습니다. 내가 끌어안고 입을 맞추자 그녀는 멈춰 놀란 눈으로 나를 바라보았습니다. 그날 이후로 어떤 변화가 일어났습니다. 우리의 관계는 더 이상 치유할 수 없는 것이 아니었습니다. 더 이상 불가능해 보이지도 않았고, 사랑으로 연합될 수 있다는 희망이 사라지지도 않았습니다. 새로운 기초가 놓였고, 회전무대의 변화도 일어났습니다. 상대방이 아니라 제게 허물이 있었다는 것을 깨달으면서 이제 그녀에게 용서를 구할 수 있었습니다. 진심으로 그렇게 해야 한다는 뉘우침이 생겼고, 이것이 그녀의 마음을 열게 했습니다. 시간이 지나면서 우리의 관계는 점점 더 좋아졌고, 그녀 자신은 완전히 변했습니다.

이 새로운 관계의 기점은 무엇이었을까요? 그것은 바로 '회전무대의 원칙'이었습니다. 이전에는 오직 상대방이 무엇을 한 것과 그가 내게 잘못한 것만 보였는데, 갑자기 무대가 회전하여 나의 잘못을 보게 되고 내가 죄인인 것을 깨닫게 된 것입니다.

당신이 괴로워서 하나님께 울부짖을 때 당신도 동일한 경험을 하게 될 것입니다. 그분은 동일한 하나님 아버지이시기 때문입니다. 만약 당신이 깊이 뉘우치는 마음을 달라고 계속 신실하게 기도한다면 그분은 당신의 기도를 들으시고 회개의 영을 부어 주실 것입니다. 그러면 당신은 이웃과의 관계가 변화될 것입니다.

회상해 보면 관계상의 어려움이 당신에게 매우 귀중한 것을 가져다주었음을 알게 될 것입니다. 실제로 고난은 항상 소중한 것들을 지니고 있습니다. 먼저 힘겹고 어려운 상황은 눈을 열어 당신의 죄의 본성을 보게 하며, 진리가 우리를 자유롭게 합니다. 엄청난 자기의와 쓴뿌리로부터, 항상 다른 사람을 탓하는 바리새인적인 위선으로부터 우리를 자유롭게 해 줍니다. 그러므로 산산조각 난 관계라는 충격적인 경험은 우리를 예수님께 더 가까이 가게 합니다. 통회하는 죄인으로 십자가 앞에 나아가는 것보다 우리를 예수님과 하나님 아버지와 더 연합하게 하는 것은 없기 때문입니다. 그때 하나님의 마음속에 있는 기쁨이 우리 안에 흐르게 됩니다. 사랑의 예수님은 자신의 죄를 하나님과 사람 앞에 겸손히 인정하는 영혼에게 가까이 다가오십니다. 우리가 다른 사람을 비난하고 고소할 때는 평안 없이 내면이 찢겨 불행했던 것과 달리, 예수님은 우리에게 기쁨과 평화를 주십니다.

다른 사람들과의 관계에서 한계에 부딪혀 그분의 빛으로 우리의 허물과 죄를 깨닫는 길로 인도받으면, 우리는 하나님께 찬양을 올려드릴 수 있습니다. 그럴 때 무한하신 긍휼과 사랑, 용서를 베푸시는 주님을 알게 됩니다. 주님께서 우리의 마음을 이웃을 향한 자비로운 사랑으로 채워 주실 수 있다면, 우리는 가장 행복한 사람이 될 것입니다. 다른 사람들을 사랑하는 것만큼 우리를 행복하게 만드는 것은 없기 때문인데, 여기에는 우리에게 상처를 주는 사람들도 포함됩니다.

그리고 우리는 사랑하는 자로 그분의 영광과 사랑의 나라에 들어갈 것입니다. 견디기 힘든 사람과 함께 살아야 하는 고통이 우리에게 무엇을 가져다줄까요? 이는 바로 측량할 수 없는 축복입니다.

고난, 세 번째

두려움

당신의 가장 큰 고통은 두려움일 수 있습니다. 당신은 두려움에 쫓기며 시달릴 수 있습니다. 이는 이미 받은 축복과 기쁨마저 앗아가 버립니다. 당신과 자신이 사랑하는 사람들에게 다가올지 모르는 (도처에 잠복해 있는) 재앙과 두려움이 떠오르면서 당신을 위협할 수 있습니다. 또는 심각한 질병이나 경제적 상황의 악화로 인한 파산, 커져 가는 존재의 불확실성에 대한 두려움, 현재 매일 일어나고 있는 도둑·강도·폭력과 테러에 대한 두려움, 악한 세력에 대한 두려움―끔찍한 결과를 낳는 저주와 주문, 폭동과 시가전, 기근에 대한 두려움, 기독교인에게 임박한 핍박에 대한 두려움, 핵전쟁에 대한 두려움—등으로 괴로워할 수도 있습니다.

예수님은 "세상에서는 너희가 환난을 당하나"(요 16:33)라고 말씀하셨습니다. 이미 시작된 마지막 때에 관해서는 "사람들이 세상에 임할 일을 생각하고 무서워하므로 기절하리니"(눅 21:26)라고 예언하셨습니다. 그렇습니다. 두려움은 우리의 건강을 앗아가며, 두려움은 매우 치명적일 수 있습니다. 교통사고를 당했을 때 죽게 되는 상습적인 원인이 충격과 공포라는 것은 입증된 사실입니다.

우리가 이 고통과 이 엄청난 두려움을 어떻게 극복할 수 있을까요? 특히 선천적으로 두려워하는 본성을 지닌 사람의 경우에는 이를 어떻게 극복해야 할까요?

저도 두려움이 많은 사람으로서 이를 어떻게 극복했는지 여러분과 나누고 싶습니다. 제2차 세계대전 중에 저는 한 선교단체의 여행 강사로 섬기면서 독일 전역을 여행했습니다. 종종 공습을 받았는데, 심지어 저

공하는 전투기의 폭격을 경험했습니다. 두려움을 느낄 때마다 저에게 도움이 되었던 짧은 기도가 있었습니다. "예수님, 당신을 위한 것입니다! 제가 수많은 위험을 무릅쓰고 이 사역을 하는 이유는 바로 당신을 위해서입니다!" 나 자신을 하나님의 인도하심에 맡겼을 때, 그분의 임재를 느낄 수 있었고 모든 공포와 두려움에서 벗어날 수 있었습니다.

그 후 1962년에 쿠바 사태가 일어났습니다. 전 세계를 불바다로 만들 수도 있었던 상당한 동요와 전면적인 소동이 있었는데 많은 지역에서 공포에 질린 사람들이 안전한 곳을 찾아 우리에게 왔습니다. 나 또한 당시 느꼈던 두려움이 아직도 되살아나곤 합니다. "지금 다시 세계 전쟁이 일어나면 어떡하지? 지난 전쟁보다 훨씬 더 끔찍할텐데⋯." 내가 자매회라는 대가족을 책임지고 있었기 때문에 지켜야 할 사람들이 있었습니다. 어려움이 다가올 때 종종 더 큰 두려움을 느끼는 이유는 우리 자신보다 우리가 사랑하는 사람들 때문인 것이 사실입니다. 하지만 이때에도 내가 예수님의 임재와 이에 대한 확신을 갖게 되었을 때 두려움은 사라졌습니다. "주님께서 허락하지 않으시면 나에게 그리고 나의 주변 사람들에게 어떤 일도 일어나지 못하네. 그리고 이 모든 것은 합력하여 선을 이룬다네."

두려움은 우리의 생각과 믿음에서 예수님을 배제시켰을 때만 생깁니다. 그러나 우리가 상상하는 그런 섬뜩한 상황에서 예수님을 모시면 갑자기 모든 것이 달라질 것입니다. 예수님께서 우리의 선입견을 깨뜨리시고 우리가 갇혀 있는 공포의 순환 고리를 끊으실 것입니다. 우리는 예수님께서 함께하신다는 확신 속에서 쉼을 얻게 됩니다. 오래 전에 두려워하는 제자들 곁에 계셨던 것처럼, "너희에게 평강이 있을지어다"(요 20:21)라고 말씀하시며, 우리 곁에도 찾아오실 것입니다. 위엄 있는 이 말씀을 통해 그분의 평화가 우리 마음속에 흘러들어와서 우리는 담대해집니다. 우리가 두려워하던 문제와 고통의 참상이 외적으로 변한 것이 아니라 그분이 전혀 다르게 개입함으로써 모든 것이 변하는 것입니다. 이 사실을 믿는 만큼 우리는 상황을 변화시키시는 주님의 능력을 경험하게 될 것입니다.

예수님께서는 어둠을 밝히시는 빛이자 평화를 주시고 두려움을 몰아내는 평화의 왕으로서 우리에게 오십니다. 우리를 돕는 분으로 곁에 오셔서 역경 중에 있는 우리를 도와주십니다. 우리가 두려워하던 문제가 발생하면 예수 그리스도가 함께하셔서 사랑의 계명대로 우리를 도와주십니다. 그분의 전능하신 능력으로 개입하셔서 아무도 우리를 도울 수 없을 때, 주님께서는 위험과 고통 속에 있는 우리에게 필요한 도움을 주시며, 그분의 초자연적인 돌보심을 경험하게 하십니다. 주님께서 가까이 계실 때, 이 시편의 말씀은 실제로 이루어집니다. "내가 환난 중에 다닐지라도 주께서 나를 살아나게 하시고 주의 손을 펴사 내 원수들의 분노를 막으시며 주의 오른손이 나를 구원하시리이다"(시 138:7).

두려움 가운데 있을 때 예수님께서 오실 것을 믿으면 두려움은 안심과 평안으로 바뀌게 됩니다. 갈릴리 해변에서 삼킬 것처럼 위협해 오는 파도를 보고 겁에

질려 떨고 있던 제자들에게도 이런 일이 일어났습니다. 갑자기 그들 앞에 나타나신 예수님께서는 "안심하라 나니 두려워하지 말라"(마 14:27)라고 말씀하셨는데, 이는 명령과 같습니다. "두려워하지 말라. 두려워하는 것은 나의 사랑을 멸시하는 것이다. 너희는 마치 고통 중에 있을 때 내가 돌보지 않는 것처럼 행동하는구나." 예수님은 우리에게도 "안심하라!"고 말씀하십니다. 주님은 위험과 고통 속에 있는 사람들에게 서둘러 오십니다. 그렇습니다. 파도가 절정에 달했을 때 예수님께서 오실 것입니다. 주님은 파도에게 명령하시고, 배의 키를 직접 잡으시며, 그 강하신 팔로 파도를 넘어 우리를 안전하게 인도하실 것입니다. 우리 주 예수 그리스도처럼 우리를 극진히 사랑해 주시는 분은 없습니다. 그분이 우리의 두려움도 몰아내시지 않겠습니까?

당신은 삶 가운데 찾아오는 특정한 고통을 두려워하고 있습니까? 우리가 역경을 받아들이지 않을 때에만 두려움이 우리를 장악할 수 있습니다. 우리가 "예,

아버지"라고 하며 온전한 헌신이 어려운 것은 우리가 감당하지 못할 시험은 결코 허락지 않으시는(고전 10:13) 하나님 아버지의 사랑, "사랑 안에 두려움이 없고"(요일 4:18)를 신뢰하지 않기 때문입니다. 반면 우리가 올바른 경외심, 즉 거룩하신 하나님을 향한 신성한 경외심을 갖는다면, 우리를 괴롭게 하는 두려움과 다가올 고통에 대한 불안감은 사라질 것입니다. 그렇게 되면 우리는 더 이상 다가올 고통이나 우리를 해치는 사람들을 두려워하지 않게 됩니다. 오히려 주님의 명령을 무시하거나 정결케 하지 못한 죄로 주님을 잃게 될 것을 가장 슬퍼하게 됩니다. 하나님을 잃으면, 모든 것을 잃는 것입니다. 하나님이 우리를 위하시면, 어렵고 힘든 시기에도 우리가 필요한 모든 것을 갖게 되는 것입니다. "만일 하나님이 우리를 위하시면 누가 우리를 대적하리요." 우리도 사도 바울처럼 "사망이나 생명이나 … 현재 일이나 장래 일이나 … 우리를 우리 주 그리스도 예수 안에 있는 하나님의 사랑에서 끊을 수 없으리라"(롬 8:38-39)고 승리를 선포할 수 있게 될 것입니다.

그러므로 삶과 불확실한 미래에 대한 두려움 가운데 있을 때, 우리의 주된 관심사는 우리가 항상 하나님의 거룩하심을 기억하면서 빛 가운데로 행하고, 통회와 회개의 삶을 살아 냄으로써 하나님께서 우리를 위하시는가에 달려 있습니다. 그럴 때 자비로우신 아버지 하나님과 구세주 예수님을 더 알게 되고, 그분과 더 깊은 사랑의 교제를 할 수 있습니다. 내가 누군가를 사랑하면, 그 사람을 신뢰하게 됩니다. 예수님은 "나를 사랑하는 자는 내 아버지께 사랑을 받을 것이요 … 사람이 나를 사랑하면 내 말을 지키리니 … 우리가 그에게 가서 거처를 그와 함께 하리라"(요 14:21,23)고 약속하셨습니다. 그때 하나님께서 오실 것이며, 이로 인해 모든 어려움은 해결될 것입니다.

그럼에도 두려움은 고난의 한 형태입니다. 그러나 하늘의 기쁨과 축복은 모든 형태의 고난 속에 들어 있으며 두려움도 예외는 아닙니다. 두려움이 우리를 공격해 올 때마다 모든 이해를 뛰어넘는 평화, 하나님의 마음에서 우리에게 강물처럼 흘러와서 기쁨으로 가득 넘치게 하는 그 평화가 우리의 것이 될 것입니다.

예수님이 우리의 평화가 되십니다. 특별히 우리가 두려움에 시달릴 때 우리에게 오시지 않을 수 없는 분이 우리 주님이시기에, 우리는 이전에는 맛보지 못했던 평화를 맛보게 될 것입니다. 이것은 하나님의 영원한 평화의 성, 두려움과 고통이 없는 그곳을 미리 맛보는 것입니다.

평화 그 자체이신 주님께서 이 놀라운 평화를 당신에게 선물로 주기 원하십니다. 바로 고통과 두려움에 직면한 순간이야말로 이 귀중한 선물을 믿음으로 고대할 수 있습니다.

The Hidden Tresure in Suffering

질병

병중에 계십니까? 병에 걸리면 몸만이 아니라
영혼도 고통을 받습니다. 질병은 사실상 당신을 가정
생활뿐만 아니라 일과 활동 및 당신에게 성취감을 주
는 것들로부터 멀어지게 합니다. 자신이 원하는 대로
일할 수 없게 되고, 모든 면에서 제한을 받습니다. 당
신은 한때 다른 사람들을 도우면서 기쁨을 주었을 수
도 있고, 혹은 사역을 구축하는 등 인생에서 의미 있는
일들을 하며 만족을 느꼈을 수도 있습니다. 그러나 이
제 모든 것이 더이상 불가능해졌고, 당신은 다른 사람
들에게 짐이 되고 있습니다. 다른 사람들의 도움에 의

존해야 하고 시중드는 사람이 필요합니다. 갑자기 삶은 고통과 괴로움을 견뎌 내는 일이 되어 당신은 건강한 사람들처럼 충만하고 적극적인 삶을 살 수 없습니다.

당신은 계속해서 치유될 수 있다는 소망을 품었을 수 있습니다. 치료를 받기 위해 좋은 의사를 만나 보기도 하고 특별한 약을 처방받았을 수도 있습니다. 혹은 예수님께서 당신의 치료자가 되어 주시기를 구하면서 야고보서 5장 14-15절의 말씀대로 기도와 안수를 통해 치유받으려고 열심히 기도했을 수 있습니다. 그러나 지금까지 걸었던 모든 희망은 이루어지지 않았습니다.

하지만 아무런 치료법도 보이지 않고 고통 가운데 인내할 수밖에 없는 질병 속에도 귀중한 보화가 들어 있지 않을까요? 그렇습니다. 실제로 그럴 수밖에 없는데 고통이 클수록 그 안에 담긴 축복도 더 크기 때문입니다.

사고로 사지가 마비된 미국인 조니의 삶을 통해 이

사실을 알 수 있습니다. 여러 번의 복잡한 수술과 오랜 기간의 병원생활 끝에, 그녀는 젊은 나이에 휠체어를 타는 신세가 되었고 전적으로 다른 사람의 도움에 의존해야 했습니다. 하지만 이를 통해 그녀는 예수 그리스도를 향한 살아 있는 믿음을 갖게 되었고, 하나님의 뜻에 순종함으로써 이 어려운 고통을 극복해 냈습니다. 그녀의 이야기가 책으로 출판되고 영화로 만들어지면서 그녀는 전 세계를 여행하며 간증하고 있습니다. "일생을 하나님으로부터 멀리 떠나 살기보다 오히려 예수님께 속하여 휠체어에서 살겠습니다."(월드와이드픽쳐스의 영화 "조니" 중에서)

"행복하다"라는 그녀의 말을 믿지 않을 수 없는데 그녀는 주님을 영화롭게 하며 빛을 발하고 있기 때문입니다. 그렇습니다. 예수님이 우리의 전부가 되실 때 우리 삶에 얼마나 큰 기쁨이 넘쳐흐르는지요. 그에 따라 질병의 고통은 작아지게 됩니다.

중요한 것은 하나님께서 우리의 삶을 통해 영광받으신다는 것입니다. 이것은 다양한 방법으로 일어날 수 있는데 내가 경험했던 것처럼 안수와 기도를 통해 갑자기 하나님께서 치유를 베푸실 수 있습니다. 하지만 다른 경우 하나님이 개입하지 않으셔서 나는 질병이 주는 고통과 아픔을 맛보아야만 했습니다. 이 경우 조니의 이야기에서처럼, 우리가 주님께 온전히 순종하며 질병을 견뎌 나가는 과정을 통해 주님께서 영광받으십니다. 이것은 하나님께서 누구시고 어떠한 분이신지 알게 하며, 우리 자신과 다른 사람들에게 가장 큰 축복을 안겨 줍니다. 이를 통해 하나님은 많은 사람을 그분께 돌아오게 하십니다.

나는 심각한 질병으로 몇 달 동안 병실에 갇혀 있던 적이 있는데 의사가 절대적인 안정을 취해야 한다며 방문객도 거의 받지 않아 대부분의 시간을 혼자서 지냈습니다. 심각한 질병 중에 있을 때 나에게 위로를 준 것이 무엇이었을까요? 나에게 잊지 못할 축복을 가져다준 것은 무엇이었을까요? 내 침대 맞은편에는 십자가상이 걸려 있었는데 마치 십자가에 달리신 예수님께서 나에게 이렇게 말씀하시는 것 같았습니다. "네가 십자가의 길을 따르겠다고 결단하지 않았니? 나는 질고를 아는 자요, 괴로움과 상처투성이란다. 지금 너에게는 더욱 깊고 새로운 방법으로 나의 고난에 참여하여 나와 함께 갈 수 있는 기회가 있단다." 병을 겪는 동안 질고를 아시는 예수님께서는 그 어느 때보다 더 나를 그분께로 가까이 인도하셨습니다. 주님에 대한 나의 사랑이 커져 가면서 주님의 고난에 대한 감사도 커져 갔습니다. 주님께서는 나를 주님과 더 깊은 사랑의 관계로 연합하도록 이끄셨습니다. 그때 이후로 나는 훨씬 더 주님의 뜻에 가까워졌고, 그렇게 주님의 마음과 하나가 되었습니다. 나는 이것이 얼마나 행복한 일인지 깨달았습니다. 긴 병고의 시기는 매주 새롭게 나의 의지를 하나님께 내려놓는 법을 가르쳐 주었고, 아무런 차도가 없을 때에도 인내하는 법을 배우게 해주었습니다.

병상의 기간은 우리를 정화시켜 줍니다. "인내를 지금 훈련해라. 그러면 후에 모든 고통과 역경을 끝까지 견뎌 낼 수 있을 것이다. 네 의지를 하나님께 새롭게 내려놓는 과정을 통해 너는 강해질 것이며, 항상 인내하며 하나님의 뜻에 순종하는 것을 양식으로 삼았던 하나님의 어린양 그리스도의 형상으로 변화될 것이다."

아버지께서는 이러한 응답과 함께 우리에게 질병을 허락하십니다.

인내의 훈련이라는 기회를 주신 것에 얼마나 감사했던지요. 우리는 고통스러운 상황에서도 인내하는 법을 배우는 만큼 평안할 수 있습니다. 하나님의 뜻에 우리의 의지를 내려놓을 때, 주님의 마음과 생각은 자비로우시며 그분이 인도하시는 길은 항상 선하다는 확신을 갖게 됩니다. 그러면 어려움 가운데 하나님의 축복과 영광이 감추어져 있다는 것을 알고 역경을 극복하게 될 것입니다. 하나님은 사랑이시기에 우리를 해하려는 것이 아니라 우리를 위해 좋은 것을 계획하고 계십니다. "너희를 향한 나의 생각을 내가 아나니 평안이요 재앙이 아니니라 너희에게 미래와 희망을 주는 것이니라"(렘 29:11). 하나님은 질병을 포함한 모든 것이 합력하여 선을 이루도록 하시며, 이것은 우리의 의지를 하나님 뜻에 내려놓을 때 일어납니다. 그렇게 될 때 하나님께서는 우리를 위해 계획하신 것들을 이루십니다. 반항이 없을 때―즉 우리가 거부하지 않는다면―그 어떤 것도 우리에게 부어 주시는 하나님의 축복을 막을 수 없습니다.

내가 자매회 가족들을 통해 여러 번 알게 된 것처럼 죽음에 직면하는 극심한 질병은 그 사람에게 큰 의미가 있으며, 그에 따른 풍성한 축복이 있습니다. 나의 영적 자녀들 중 몇몇이 질병으로 죽음에 이르게 된 것은 하나님의 계획 안에 있었습니다. 기도와 안수에도 불구하고 주님께서는 개입하지 않으셨고 그들을 본향으로 부르시고 계셨습니다. 하지만 주님께서는 이 힘든 질병의 시간을 이생의 삶을 떠날 준비의 시간으로 사용하셨습니다. 그리고 그들과 함께 우리는 형언할 수 없는 천국의 영광을 어느 정도 경험하는 특권을 누렸습니다.

한 자매는 죽기 몇 주 전에 매우 광채가 나서 그녀

의 병실에 들어가는 사람들 모두가 믿을 수 없을 정도였습니다. 거의 천국에 온 것처럼 느껴졌습니다. 우리뿐만 아니라 방문객도 주님께서 이곳에 하신 일을 보며 놀라워했습니다. 또 다른 자매도 광채가 대단했는데 오랫동안 수없이 많은 사람을 장사 지냈던 장의사가 놀라워하며 이렇게 말했습니다. "자매님이 정말 행복해 보이는군요!" 그녀가 죽음을 맞이하기 20분 전에 이미 천국의 영광 가운데 예수님과 함께하는 기쁨이 그녀의 얼굴에 가득했고 숨을 거둔 후에도 여전히 그 모습이 남아 있었습니다.

이 자매들은 깊은 회개와 믿음생활을 하면서 인생의 마지막 순간이 왔을 때 주님을 만날 준비를 해 왔지만 최후의 영적 준비를 가능하게 한 것은 바로 치명적인 질병이었습니다. 어떤 사람들은 몇 달 혹은 몇 년 동안, 또는 몇 주간 병을 앓은 사람들도 있었지만 이 기간은 깊은 내적 준비의 기간이었습니다. 이를 통해 그들의 죽음이 하늘의 영광을 드러냈습니다. 가장 중요한 사실은 예수님의 얼굴을 직접 보는 승리자들의 장소에 그들이 있음을 안다는 것입니다. 그들은 주님과 영원히 거하고 있습니다.

이처럼 질병의 시련 가운데 감추어져 있는 축복이 참으로 엄청나지 않습니까! 많은 사람들이 건강했을 때는 하늘에 계신 아버지와 예수 그리스도와의 교제가 거의 없이 직장, 가정, 하루 일과를 시작했다고 증언합니다. 주님으로부터 매우 멀어져 있던 사람들도 있습니다. 그러다 질병이 찾아와서 심한 고통을 겪으며 혼자 조용히 누워 있을 때, 갑자기 하나님을 만나는 경험을 하게 됩니다. 특별히 죽음을 고려해야만 하는 상황에서, 하나님의 거룩하심을 경험하고 영적인 각성이 일어나 죄를 자각하게 되며 자신이 하나님으로부터 멀어져 말과 행동과 생각 등 모든 면에서 예수님의 제자답게 살지 못했음을 깨닫게 됩니다. 이러한 인식은 통회와 회개로 인도하고, 이것은 죄의 고백과 마음의 변화를 가져오며, 완전히 새로운 삶으로 변화시키기도 합니다. 많은 사람들이 "모든 것이 하나님께서 허락하신 고난 덕분입니다. 질병은 저에게 막대한 축복을 가져다주었습니다"라고 고백합니다.

그 외에도 우리는 "육체의 고난을 받은 자는 죄를 그쳤음이니"(벧전 4:1)라는 성경말씀을 실제로 경험합니다. 몸져 누워 있을 때 평상시보다 더 죄를 자각하게 되는 것은 물론이며, 종종 질병으로 고통당하는 신체 부위는 우리가 지은 죄와 관련이 있습니다. 우리는 더 이상 말을 많이 하지 못할 수도 있습니다. 이전에는 무엇을 하는 데 혀를 사용했습니까? 언젠가 우리가 한 모든 경솔한 말에 대해 설명해야만 할 때가 올 것입니다(마 12:36 참고). 더 이상 내 발로 가고 싶은 곳을 돌아다니지 못할 수도 있습니다. 그러나 우리 발로 걸을 수 있었을 때 어디로 황급히 가곤 했습니까? 하나님이 원하시지 않는 장소로 자주 가지는 않았습니까? 그리고 우리의 손은 무엇을 위해 사용했습니까? 종종 우리 자신이나 가족들에게 필요한 것을 얻는 데 급급할 뿐 모든 것을 주 예수님과 그분의 영광을 위해 사랑으로 행해야 하는 것을 잊고 살지는 않았습니까?

질병의 기간 동안 갑자기 하나님의 말씀이 마음에

와 닿기도 합니다. "사람이 무엇으로 심든지 그대로 거두리라"(갈 6:7). 영원히 거두는 것입니다. 하나님은 속지 않으십니다. 우리의 일과 다른 삶의 모든 영역에서 성령께서 우리를 인도하시도록 내어 드리면 천국에서 영원한 기쁨을 거두고 영광스러운 상급을 받게 될 것입니다. 그러나 우리가 만약 육체의 욕구에 따라 자기 자아를 만족시키며 우리 옛사람이 원하는 대로 죄를 짓고 산다면(갈 5:19-21 참고), 우리는 멸망을 거두게 될 것입니다. 그렇다면 질병의 시간은 너무 늦기 전에 회개할 수 있는 또 한 번의 기회를 주는 얼마나 값진 축복일까요!

그러나 질병이 우리 심령에 회개만 불러일으키는 것이 아니라 그 안에 더 많은 것들을 가져다줍니다. 질병의 고통은 우리를 예수님께 더욱 가까이 이끌어 줍니다. 이런 일은 우리가 사람들에게 짐이 되어 다른 사람들이 우리를 성가시게 느낄 때나 우리와 가깝게 지냈던 직장 동료나 친구들이 우리를 잊어버릴 때도 나타납니다. 우리는 상처받으며, 인간적인 사랑이 얼마나 빨리 사라지는지 깨닫습니다. 그러나 그때 예수님께서 간청하시며 우리 앞에 서 계십니다. "나에게 전적으로 의지하고 나를 더욱 찾아라. 그러면 네가 간절히 찾는 모든 것을 내 안에서 발견하게 될 것이다." 예수님께서는 우리가 주님 안에서 모든 것을 더욱 풍성하게 얻게 하시려고 이 땅에 오셨습니다(요 10:10 참고). 질병이라는 시련은 우리에게 예수님을 더욱 사랑하는 법을 가르쳐 주며, 그때 우리는 그분의 사랑을 더 많이 맛보게 될 것입니다.

질병에는 끝없이 많은 보화가 숨어 있습니다. 병에 걸려 신체적으로 고통당할 때 우리는 인정이 더욱 많아지며, 아프거나 몸이 불편한 다른 사람들을 더 잘 이해할 수 있게 됩니다. 병상에 있는 사람들을 통해 얼마나 많은 축복된 중보기도, 영적 도움과 격려가 되는 충고와 간증들이 이루어졌습니까! 병자들은 고독의 시련 속에서 그 어느 때보다도 하나님의 마음과 가까워지고, 그것을 통해 더 많은 것을 줄 수 있게 되었기 때문입니다. 실제로 병상에 있는 많은 크리스천들이 주변 사람들에게 영적 오아시스가 되곤 합니다.

질병은 고난임이 분명하지만 우리가 앞에서 언급했던 것처럼 심각한 질병일수록 그 축복 또한 엄청나며, 그 안에는 값진 보물들이 숨겨 있습니다. 독일의 한 찬송가는 고난을 아주 적절하게 표현해 줍니다. "오 고난받을 만한 자 누구인가? 세상에서는 짐으로 여기나, 하늘에서는 아무에게나 주어지지 않는 영광으로 여기네(K.F. Harttmann)." 질병 가운데 진심으로 하나님의 뜻을 받아들이는 사람은 이생에서도 한 조각의 천국을 맛보며, 다가올 영생에서 영원한 영광이 그를 기다리고 있습니다.[1]

---

1   바실레아 슐링크, *Fragrance of a Life for God* (병상에 있는 분들에게 드리는 위로와 축복) 참고.

The Hidden Tresure in Sufferin

무기력함

당신은 혹시 이렇게 말하고 있지 않습니까? "나는 인내심의 한계에 도달했어. 힘이 다 빠져버리고 너무 지쳐서 아무 것도 생각할 수가 없단 말이야. 단 하루도 견디기 힘든 상황이야." 이렇게 소진되고 의지가 약해진 이유는 병이 있거나 나이가 들어서일 수도 있습니다. 그러나 요즘은 젊은 사람조차 무기력하고 힘이 없는 경우가 많습니다. 환경오염과 현대 사회의 부정적인 면이 젊은 세대에게 좋지 않은 영향을 미치고 있습니다. 과거와 비교해 보면 대체적으로 오늘날의 젊은이들이 신체적으로 더 약한 것은 사실입니다.

이러한 고갈 상태는 사람을 지치게 만들고 때로는 질병보다 더 견디기 힘들게 합니다. 특히 장기적인 에너지의 고갈 상태에 있지만 환자가 아니라면, 가정에서나 직장에서의 일상적인 의무를 면제받기 어렵습니다. 다른 사람들처럼 에너지가 충만해서 능동적으로 살기를 얼마나 바랍니까? 당신은 이미 육체적인 연약함을 거두어 달라고 여러 차례 기도하며, 외적인 다양한 도움을 받아보았지만 아무 효과를 거두지 못한 채 여전히 피로에 쌓여 있을 수 있습니다.

나도 이런 상태에 익숙하며 그것이 얼마나 괴로운 것인지 잘 알고 있습니다. 그러나 이를 어떻게 극복할 수 있는지 경험했고, 이 고통 가운데 역시 하나님께서 숨겨 놓으신 귀중한 보물이 있음을 발견했습니다. 나는 오랫동안 여러 질병으로 고통받았고 체력이 약해 힘들어했습니다. 점점 커져 가는 우리 단체의 리더로서, 내게 맡겨진 많은 임무를 어떻게 감당해야 할지 막막하곤 했습니다. 이렇게 나약한 내가, 날마다 엄청난 양의 일들이 발생하는 전 세계적인 사역을 어떻게 감당해 나갈 수 있었을까요? 나는 더 이상 감당할 수 없었습니다.

예수님께서는 이런 상황에 처한 나를 도우셔서 내가 약할 때 강한 힘을 공급해 주신다는 것을 증거해 주셨습니다. 성경의 한 구절이 내 마음을 감동시켰고, 그 말씀은 놀라운 방법으로 내 삶에서 실현되었습니다. "내 은혜가 네게 족하도다. 이는 내 능력이 약한 데서 온전하여짐이라"(고후 12:9). 이 구절은 내 마음속에 생생하게 울려 퍼지는 승전가가 되었습니다. "주님의 능력이 약함 안에서 완전해진다면 내가 약함을 두려워해야 할 이유가 무엇이겠는가? 내가 약할 때 주님께서 나를 통해 주님의 능력을 나타내실 것이다. 그리고 주님의 능력은 내 능력보다 훨씬 강하다. 이 얼마나 놀라운 약속인가!"

감사에 넘쳐서 나는 주님께 이렇게 말씀드렸습니다. "주님께서는 지금 당신의 능력을 제 안에서 발휘하기를 원하십니다. 더 이상 저의 미약한 힘과 제한된 능력에 의존하지 않습니다." 나는 믿음으로 주님의 약속을 굳게 붙잡고 내가 더 이상 견딜 수 없다고 느낄 때마다 "예수님은 저의 힘이 되십니다!", "주의 보혈에 능력이 있습니다!"와 같은 몇 마디 말을 반복하는 것이 도움을 주었습니다. 그때마다 항상 새로운 힘—주님의 능력—을 공급받았습니다.

피로감이나 체력이 약해 괴로워하는 사람들에게 예수님께서는 자신의 능력을 선물로 주기 원하신다는 것이 얼마나 큰 위로입니까! 이 능력은 우리에게 족하며, 우리 자신의 힘이 강한 것보다도 훨씬 더 큰 효과가 있습니다. 그러니 이렇게 고백합시다. "예수님, 저는 주님께서 이 일을 행하시기를 기대하며 신뢰합니다!" 우리가 믿음으로 "나의 힘 되신 예수님!"이라고 선포하면, 부활하신 주님의 생명이 우리에게 부어지는 것을 경험할 수 있습니다. 또한 앞으로 역경의 시기에 육체적인 연약함으로 인해 고통당할 때, 이는 우리에게 하나님의 능력을 신뢰할 수 있게 하는 약속의 말씀입니다.

이 고난을 통해 실제로 놀라운 경험을 하게 됩니다.

주님의 능력이 우리 안에서 놀랍게 드러나게 된다면, 어느 누가 피로나 육체적인 연약함을 받아들이지 않겠습니까? 우리는 예수님이 전능하신 구주이심을 알게 되고, 주님과 더 깊은 연합을 이루면서 주님을 더욱 사랑하고 신뢰하는 것을 배우게 됩니다. 내가 무기력할 때 이것을 새롭게 경험했습니다. 마치 마음속으로부터 계속 조용히 한 멜로디가 울려나오는 것 같았습니다. "나의 구주 예수님, 이제 제가 이 상황 속에서 일하는 대가를 지불하여 주님께 작은 헌신을 드릴 수 있습니다. 주님을 향한 저의 사랑을 드러내며 동시에 주님과 가까워질 수 있는 기회를 제게 주셨습니다." 이처럼 무기력함이라는 고통 속에는 풍요로운 내면의 기쁨이라는 큰 축복이 들어 있습니다. 하늘에 계신 우리 아버지와 주 예수님께서는 오직 순전한 사랑의 존재이심을 드러냅니다. 우리의 십자가가 클수록 그것이 주는 영광도 더 클 것이며, 그것을 통해 이 땅에서도 한 조각의 천국을 경험하게 될 것입니다.

The Hidden Tresure in Suffering

외로움

홀로 있으면 외로움이 당신의 마음을 좀먹고 견디기 어렵게 합니다. 죽음이 사랑하는 사람, 당신에게 전부였던 사람을 데려갔기에 이제 모든 것을 혼자 힘으로 해야 합니다. 아니면 결혼생활이 깨져 아픈 상처만 남았습니다. 또는 주변에 다정한 친구들 없이 독신으로 혼자서 살고 있을 수도 있습니다. 혹은 나이 든 당신을 돌보아 주는 사람이 없어 아무도 당신을 원하거나 필요로 하지 않는 것처럼 보입니다.

이유가 무엇이든, 당신은 외로움이라는 쓰라린 고통을 맛봐야 합니다. 나 역시 외로움의 시간을 보낸 사람으로서 당신을 이해할 수 있습니다.

자매회라는 대가족이 필요로 하는 영적 어머니로서 활발하고 의미 있는 삶을 살고 있던 1950년대 초반, 갑자기 주님께서는 고독한 삶으로 나를 부르셨습니다. 주님을 위해서 나는 이 행복한 교제권을 포기했고, 몇 년에 걸쳐 여러 달씩 은둔생활을 했습니다. 기도를 통해 주님께서 간증으로 나누라고 주신 것들을 적으면서 온전히 주님께 나 자신을 드리는 시간을 보냈는데, 이를 위해 나는 방에 혼자 남아 사랑하는 사람들과 떨어져 지내야 했습니다. 나는 외로움이 얼마나 견디기 힘든 것인지 잘 모른 채 주님의 인도하심에 동의했습니다. 이제 함께 서로 나눌 사람이 아무도 없었습니다. 이제 더 이상 영적 자녀들과 이전처럼 노래하고, 예배하며, 천국 축제를 즐기는 등 행복하게 어울려 지내는 자리에 함께할 수 없었습니다. 더 이상 자매회나 사역과 관련된 중요한 결정을 의논하는 자리에 나는 함께하지 못했고, 사면 벽에 둘러싸인 채 홀로 있었습니다. 그리고 예수님마저 멀리 있는 것처럼 느껴질 땐,

외로움이 내 마음을 상하게 했습니다.

비록 이유가 다르긴 하지만 홀로 지내고 있는 주 안의 형제자매가 된 많은 이들처럼 나는 외로움의 잔을 마셔야 했습니다. 나는 외로움이 얼마나 마음을 짓밟을 수 있는지, 죽음의 지경에 이르게 하는지 알고 있습니다. 외로움은 당신을 덮쳐 집어삼키려는 야수와 같습니다. 따라서 외로움이라는 '감옥'에서 탈출하기 위해 철창살을 뒤흔들어 깨고 싶어 합니다.

하지만 이 고난은 제게 유익이 되었고 놀라운 것을 가져다주도록 도왔습니다. 어떻게 이 외로움의 길이 귀중한 선물이 되었을까요? 어느 날 주님이 나에게 이렇게 말씀하시는 것 같았습니다. "너는 사람들의 사랑과 그들과의 교제를 갈망하는구나. 나를 더욱 더 사랑해다오. 그러면 네가 나에게 위로와 기쁨을 안겨 줄 것이고, 내게 네 사랑을 보여 줌으로써 너는 더욱 행복해지고 네 삶은 더욱 풍성해질 것이란다." 그래서 나는 예수님께 사랑의 노래를 불러 드리기 시작했습니다. 주님은 얼마나 외로운 분이신가! 우리를 향한 사랑 때문에 자신의 목숨까지 내어 주셨지만 인간들에게서 버림받고 거절당하고 사랑받지 못하신 예수님께 다음과 같은 노래들로 나는 그분의 마음을 위로해 드리기 시작했습니다.

오늘 예수님의 마음이 위로받게 되시길,
오늘 고통과 아픔에 찬 주님께,
내 영혼아, 깨어 노래하라
나의 사랑은 주님께 어떤 위로를 드리는가?

주님을 위로하리라
언제나 주님 곁에 함께하며,
고통의 자리에서 한순간도 주님 저버리지 않으면
주님, 위로받으시겠네

주께 위로드리리,
내 생을 통해 베풀어 주신 모든 선하심에
감사드리며 그분 사랑에 감사드리리

오, 어찌 주님이 슬프실 수 있으랴?

주님을 위로하리라

가장 깊은 밤, 사랑의 노래로

주께 기쁨이 될 변함없는 신실함에 감동하시도록

다정한 위로 주님께 드리네[2]

이렇게 노래하면서 나는 나 자신도 큰 위로를 받았습니다. 고독함 가운데 주님이 가까이 다가오셨고, 다른 사람들과 영적으로 가장 친밀했던 어떤 교제의 시간에도 경험하지 못했던 깊은 기쁨을 느꼈습니다.

그게 전부가 아니었습니다. 당시 나는 사람들과의 교제를 포기하는 희생을 지불하고 누리게 된 주님과의 친밀한 교제를 통해 다른 사람들에게 축복을 가져다주리라고는 전혀 생각하지 못했습니다. 희생은 하나님의 생명을 가져다줍니다. 예수님께서 조용한 시간에 제게 보여 주신 많은 것을 다른 이들과 나눌 수 있었습

---

2   바실레아 슐링크, *I Want to Console You* (주님께 위로가 되시길!) – 오늘 고통 가운데 계신 주님을 위한 사랑과 위로의 노래

니다. 혼자 있는 것은 더 이상 희생이 아니라 예수님께 사랑의 표시로 드릴 수 있는 선물이었고, 이제 내 마음 속에는 평화와 기쁨이 가득 흘러넘쳤습니다.

우리는 모두 어떤 형태로든 이것을 경험합니다. 사랑의 주님께서는 우리를 위해 외로움이라는 좁은 길을 가도록 계획해 놓으셨기 때문입니다. 이는 우리의 마음을 고통스럽고 쓰라리게 하려는 것이 아니라 주님을 구하고 주님께 더욱 가까이 가게 하시기 위함입니다. 예수님께서는 우리가 주님을 찾기를 기다리십니다. 그럴 때 주님은 자신을 우리에게 주시며, 우리의 마음에 평화와 기쁨을 허락하십니다. 사랑이신 아버지 하나님께서 이끄시는 모든 길은 지혜로운 계획의 한 부분이며, 우리를 놀라운 목적지로 인도합니다. 우리가 주님을 위해 구한 모든 것보다 훨씬 더 많은 것을 받게 될 것이고, 예수님의 사랑을 더욱 풍성하게 맛보게 될 것입니다.

당신이 해야 할 일은 단 한 가지입니다. 그것은 예수님께 당신의 사랑을 드리는 것입니다. 예수님은 당신의 사랑을 갈망하고 계십니다. 당신을 정말로 사랑하시기에 그분께로 향한 당신의 사랑을 고대하십니다. 주님을 사랑하면 당신의 외로움은 주님과의 친밀한 교제로 변화될 것이고, 그것은 위로부터 오는 영원한 기쁨을 가져다줄 것입니다. 예수님과의 친밀한 교제로부터 당신은 다른 이들을 위해 기도하는 것과 같이 다른 사람들에게 사랑을 보여 주는 길을 발견하게 될 것입니다. 또한 더 이상 당신이 다른 사람들에게서 사랑받지 못하며 얼마나 외로운지에 대해 생각할 시간이 없을 것입니다. 예수님과 당신의 친구들을 사랑한다면 당신의 삶은 열매 맺을 것이고, 풍성한 추수를 거두어 언젠가는 주님이 계신 본향으로 돌아갈 것입니다.

The Hidden Tresure in Suffering

고난, 일곱 번째

내적 갈등

더 이상 하나님의 이끄심과 행동들을 이해할 수 없어서 심각한 내적 갈등으로 고통받고 있습니까? "왜 하나님께서는 침묵하시는가? 왜 하나님께서는 내 삶에 개입하셔서 도움을 주지 않으시는가? 왜 이렇게 모든 것이 무의미한 것인가? 왜 요즘 세상은 갈수록 악이 판치며 승리하는 것인가?" 하고 고민하고 있습니까?

당신은 자신의 죄가 진정으로 용서받은 것인지 의심하며 고통스러워 하고 있을 수 있습니다. 또는 옳은 결정을 내린 것인지, 어떤 사람에게 제대로 처우한 것인지, 특정 상황에서 옳은 방법을 따른 것인지 몰라 당황해하며 어찌할 바를 몰라 하고 있을 수 있습니다. 이 모든 의심과 갈등은 당신의 평안을 앗아갑니다. 내적 갈등은 당신의 정신과 영혼을 헤아릴 수 없을 정도로 고통스럽게 만들어 당신이 그 악순환에서 빠져나오지 못하게 합니다.

사랑의 하나님 아버지께서는 당신이 이러한 의혹 속에서 괴로워하는 것을 원하지 않으십니다. 당신이 이 악순환에서 빠져나오는 방법을 찾을 수 있도록 도와주기를 원하시며, 당신이 내적 갈등을 극복하고 시험을 견딘 자들에게 약속된 생명의 면류관을 얻기를 원하십니다(약 1:12 참고).

나의 상담 경험을 통해 알게 된 것처럼 만약 당신이 내적 갈등에 굴복하여 해결되지 않은 문제들로 계속 괴로워한다면 해결책에 절대 도달하지 못할 것입니다. 오히려 당신은 점점 더 괴로움에 빠지게 되고, 그 고통스러운 생각들이 당신을 절망의 낭떠러지로 몰고 갈 것입니다.

그러나 주님께서는 우리가 이 고통에서 빠져나올 수 있는 결정적인 방법을 알려 주십니다. 이 모든 고통스러운 사고 과정을 멈추고, 그 생각들이 다시 찾아올 때마다 예수님의 이름으로 끊으며 단호히 거절하는 것입니다. 그것들을 예수님의 이름으로 꾸짖고 선포하는 것입니다. "나는 원수가 심어 놓은 그 어떤 생각들도 받아들이지 않을 것이다. 당장 물러가라! 하나님께서 나를 도우실 것이며, 옳은 길을 보여 주실 것이다." 날마다 새롭게 자신이 갖고 있는 사고의 악순환에서 벗어나 다른 누군가에게로 향하는 결단이 필요합니다. 그 해결책은 예수 그리스도입니다.

다음 단계는 당신의 모든 내적 갈등을 예수님께 가져와 그분께 말씀드리며 기도하는 것입니다. 예수님은 성경에 쓰인 것처럼 "마귀를 대적하라 그리하면 너희를 피하리라 하나님을 가까이하라 그리하면 너희를 가까이 하시리라"(야 4:7-8)고 말씀하십니다. 그분은 당신이 그분께 돌아서기를 기다리고 계십니다. 동시에 우리는 예수님께 도움을 요청할 수 있는데 우리처럼 시험을 당하셨지만 죄를 짓지 않으신 주님께서는 우리가 시험당할 때 도와주실 것입니다(히 2:18, 4:15 참고). 대제사장 되신 예수님께서는 우리를 불쌍히 여기시며 도와주시기를 원합니다. 하지만 우리도 주님께로부터 정답과 해결책이 오리라는 것을 믿어야 합니다. 홀로 지혜롭고 전능하신 하나님께서 어떻게 해야 할지 모르는 모든 문제에 대한 해결책을 예비해 놓으셨기에 당신의 문제는 반드시 해결될 것입니다. 그리고 하나님은 당신을 사랑하시기에 여기저기서 옳은 결정을 내렸는지, 또 어떤 경우에 어떻게 결정하고 행동해야 하는지 알게 하실 것입니다. 주님은 빛이며 진리되시기에 당신을 진리 가운데로 인도하실 것입니다. 나는 많은 중요한 결정을 내려야 할 때 이를 경험했습니다. 조언들이 서로 상반되어 어찌해야 할지 모를 경우에 이를 자주 경험했습니다.

만약 당신이 옳은 결정을 내린 것인지, 제대로 된 길을 가고 있는 것인지, 또는 어떤 사람을 제대로 대했는지 의심하며 괴로워하고 있다면, 이 성경말씀을 굳게 잡으십시오. "자기 이름을 위하여 의의 길로 인도하시는도다"(시 23:3). 내적 갈등으로 위협받을 때마다 나는 이 말씀을 꼭 붙들었습니다. 그리고 주님께 이렇게 말할 때 괴로운 생각들이 떠나갔습니다. "만약 어린아이가 아빠한테 길을 알려 달라고 했는데 아이가 길을 잘못 가고 있다면 그냥 내버려 두는 일은 없을 것입니다. 당장 돌아오라고 큰 소리로 부르지 않겠습니까?" 하늘에 계신 우리 아버지는 얼마나 더하시겠습니까! 이 사실을 믿으십시오. 만약 당신의 뜻을 온전히 주님께 내려놓고 바른 길과 옳은 결정을 보여 주시기를 구했다면, 주님이 여러 결정을 이끄실 것을 신뢰해도 좋습니다. 만약 대적이 계속해서 당신의 생각을 원수의 그물에 옭아매려고 한다면, 그럴 때마다 이렇게 말하십시오. "나를 사랑하시는 하나님 아버지께서는 내가 잘못된 길로 가도록 내버려 두시지 않아. 따라서 내 결정이 잘못되지 않았어. 만약 잘못되었다면, 아버지께서 분명하게 보여 주셨을 거야."

그러나 당신이 결정을 내리기 전에 하나님의 인도

를 구체적으로 구하지 않았기에 어쩌면 자기 고집대로 행한 곤경에 처했을 수도 있습니다. 따라서 현재 상황이 당신의 마음을 괴롭게 할 수 있습니다. 그렇다면 우리는 다음 단계로 당신의 죄를 예수님께로 가져와야 합니다. 만약 당신이 진정으로 뉘우치고 회개한다면 주 예수님께서는 이렇게 말씀하실 것입니다. "네 죄가 용서받았다!" 주님께서는 겸손하게 뉘우치는 당신의 심령을 보십니다. 당신은 자신의 고집으로 결정한 죄가 가져온 모든 결과를 주님의 고귀한 보혈로 덮으실 것을 믿으면 됩니다. 그렇게 되면 내적 갈등은 사라지고 주님의 평화를 누리게 될 것입니다.

그런데 우리에게 무의미해 보이는 고통의 길을 따라가야 할 때 일어나는 특별한 종류의 내적 갈등도 있습니다. 다시 한 번, 당신의 힘으로는 이 문제를 해결할 수 없다는 것을 깨닫게 됩니다. 도움은 오직 주님께로부터 옵니다. 하나님의 생각은 우리의 생각보다 훨씬 더 높으십니다(사 55:9). 우리와는 전적으로 다르며 풍성한 지혜와 전능하심, 측량할 수 없는 사랑을 지니신 하나님께서는 우리에게 해결책을 주실 수 있습니다. 그리고 우리가 이를 행하기 원하십니다. 하나님의 발자국은 마치 깊은 물속에 있는 것처럼 보이지 않습니다. 당신은 그것을 볼 수도, 어디로 향하는지도 알 수 없습니다. 그러나 한 가지는 분명합니다. 주님께서는 틀림없이 당신을 아주 놀라운 목적지로 인도하고 계신다는 것입니다.

그렇기에 하나님의 인도를 머리로 이해하려고 골치를 앓으면서 왜 이렇게 무의미해 보이는 암흑과 혼란의 길, 결과를 알 수 없는 길로 나를 데려가시냐고 묻지 마십시오. 오히려 하나님을 신뢰하십시오. 당신의 아버지인 하나님은 사랑이시고 전지전능하시며 영원한 분이십니다. 그분의 마음은 사랑 그 자체이며, 그분의 뜻은 선하십니다. 비록 당신이 미로에서 방황하고 있는 것처럼 느껴질지라도, 하나님께서는 지혜롭고 영원하신 계획대로 당신을 이끄시며 놀라운 목적을 향해 인도하고 계십니다. 사랑과 진리이신 하나님께서는 절대로 자기 자녀를 혼란 속으로 인도하지 않으십니다.

당신이 다만 그렇게 볼 뿐입니다. 하나님을 신뢰하고 기다리십시오. 그러면 그 무의미해 보였던 길에 하나님의 깊은 뜻이 있다는 것을 발견하게 될 것입니다. 주님은 우리가 그분께 경외심을 갖게 할 돌파구를 마련하고 계십니다. 하나님께는 고난이 결코 마지막이 아닙니다.

의심과 유혹 속에 파묻혀 당신을 괴롭게 하지 말고, 예수님께서 항해사가 되시는 하나님의 사랑의 배에 올라타십시오. 그러면 당신을 위해 예비하신 영광스러운 목적에 도달하게 될 것입니다. 돌이켜 보면, 아버지의 손에서 온 모든 것은 영원한 지혜로 가득 차 있으며, 우리를 향한 사랑의 마음에서 비롯된 것입니다. 아버지께서는 줄곧 당신의 삶에 놀라운 것을 이루시기 위해 하나님의 섭리로 인도하고 계셨습니다.

그러므로 당신의 제한된 머리로 하나님을 이해하려고 애쓰지 마십시오. 죽을 수밖에 없는 존재이며 제한된 지식과 논리를 지닌 피조물인 우리가 하나님의 뜻을 모두 이해할 수는 없습니다. 그러나 하늘과 땅을 지으신 전지전능하신 하나님은 영원히 변함없으신 분이십니다. 그분의 지혜와 사랑을 의심하는 대신, 당신의 의심과 내적 갈등 뒤에 얼마나 많은 아집과 반항심이 자리 잡고 있는지 스스로에게 물으십시오. 실제로 당신은 하나님의 인도하심과 십자가를 거절하고 계신지도 모릅니다. 당신은 내적 갈등 속에서 자신을 향한 하나님의 뜻이 무엇인지 모른다고 스스로 자위하며, 그 문제를 회피할지도 모릅니다. 또는 하나님께서 왜 이 길로 이끄시는지 모르기 때문에 반항적일 수도 있습니다. 그러나 당신이 주의 뜻에 자신을 내려놓고 신뢰하며 하나님께서 도움을 보내 주시든지 또는 모든 것을 분명히 보여 주실 때까지 인내하기를 주님은 기다리고 계십니다. 그러므로 하나님을 이해하려고 애쓰기보다 하나님과 그분의 사랑을 신뢰하고 순종하며 당신 앞에 놓여 있는 다음 단계를 밟으십시오. 그때 당신의 내적 갈등은 사라지고, 당신은 그 어느 때보다도 하나님과 더욱 가까워질 것입니다.

따라서 항상 새롭게 이렇게 말씀드리십시오.

"나의 아버지, 당신을 이해할 수 없지만 당신의 사
랑을 신뢰합니다."

성격 장애

우리는 성격 문제로 때로는 얼마나 괴로워합니까? 성격 장애는 종종 우리 안에 내재하는 죄의 나약함과 분노 때문에 발생합니다. 어떤 사람들은 자신의 이러한 성격적인 약점들을 인식하고 괴로워하며, 또 어떤 사람들은 그 결과로 인해 고통받습니다. 까다로운 성격과 기질 때문에 주변에서 사랑과 동정을 받지 못합니다. 만일 어떤 사람이 계획대로 일이 진행되지 않거나 비판을 받을 때마다 침착하지 못하고 불과 같이 화를 낸다면 큰 문제가 아니겠습니까? 그것은 그 사람의 존재나 언행에서 불이 뿜어져 나오는 것처럼 그 안에 통제할 수 없는 어떤 힘이 작용할 수 있습니다. 그 힘은 터져 버렸고 다른 사람들은 이미 깊은 상처를 받았습니다. 사람들은 발길을 돌리고 그 사람에게 좋지 않은 감정을 갖습니다.

아니면 천성적으로 너무 예민해서, 실상은 그렇지 않은데도 사람들이 자신을 공격한다고 생각하며 사실에 입각한 내용을 오해해서 받아들이는 사람도 있습니다. 그런 사람은 자존심이 강해서 다른 사람들이 자신의 잘못을 발견하는 것을 견디지 못하기에 과민반응을 보입니다.

어떤 사람들은 집이나 다른 장소에서 스스로 고립시키며 곧잘 시무룩해지거나 낙심하기도 합니다. 이런 사람들은 깊은 우울증에 빠지기도 하는데 이 모든 것은 자신의 내면에서 깊이 갈망하는 사랑과 존경과 인정을 주변 사람들에게서 받지 못한다는 원망에서 비롯됩니다. 정작 자신들은 이런 동기와 원인을 알지 못하고 있을 수도 있습니다. 그들이 아는 것은 자신의 힘으로는 그 우울함을 떨쳐 버릴 수 없어, 마치 결박당해 있는 것처럼 느낀다는 것입니다.

또 하나님이나 주변 사람들과 조화롭게 살아가기를 갈망하지만 늘 실패하는 사람들도 있습니다. 그들은 강한 고집과 반항심에 지배를 받아 하나님께서 문제와 어려움을 허락하실 때마다 곧바로 반항적인 생각에 사로잡힙니다. 가족, 직장동료 또는 그 외 다른 누군가가 충고하거나 잘못을 바로잡아 준다든가, 혹은 자신이 원하는 방식으로 사람들이 행동하지 않을 경우 반항심을 일으키는데 그것은 대개 불친절한 언행으로 드러납니다.

만약 우리가 그런 성격 장애에 시달리고 있다면 다른 사람들은 우리를 한마디로 이렇게 표현할 것입니다. "저 사람은 참 힘든 사람이야." 다시 말하면, 그 사람과 함께 지내거나 참아 주기가 매우 힘들기에 당사자나 주변 사람들이 모두 고통받습니다. 어떤 사람들에게서 좀 더 두드러지게 나타날 뿐 우리는 모두 죄성을 지니고 있기에, 이것은 많은 사람이 견뎌야 하는 고통이기도 합니다. 몇 가지 예를 들자면 무정함, 자만심, 다른 사람들을 불쾌하게 만들지 않으려는 두려움과 복합되어 사람을 기쁘게 하려는 본성, 소심함, 방종, 분노, 괴로움, 흠잡음, 비판, 시기와 질투 등입니다.

이것들은 우리가 실제로 삶 속에서 당하고 있는 고통이 아닐까요? 인정하고 싶지 않을지 모르겠지만 우리는 모두 자신의 죄성으로 어느 정도 고통받고 있습니다. 죄는 항상 파괴력을 지니고 있기 때문입니다. 죄는 다른 사람들과의 평화를 파괴하고 교제를 분열시키며, 우리 마음의 기쁨과 평화를 앗아가고 다른 사람들의 기쁨을 손상시킵니다. 그러므로 오만하고 고집불통인 사람은 다른 사람을 지배하고 자신의 방식대로 하려는 욕구로 모든 화합을 깨뜨릴 수 있습니다.

볼 수 있는 눈이 있는 사람은 죄의 파괴력과 그것이 가져오는 고통이 얼마나 큰 지 깨닫게 됩니다. 이것은 특히 우리의 본성에 깊이 뿌리박힌 죄성에서 분명하게 드러납니다. 다른 사람들을 바라보면서 우리 자신을 동정하며 다른 사람을 부러워하기가 얼마나 쉬운지요! "저 사람의 성격은 나처럼 죄의 속박으로 손상되지 않았어!" 우리는 자주 낙심, 포기 혹은 절망에 지배되며 스스로 모든 것을 더 힘들게 만듭니다. "내가 극복할 수 있기는 한 걸까? 어떻게 나 같은 사람이 그리스도의 몸에서 쓸모 있는 지체로 예수님의 증인이 될 수 있단 말인가? 그리스도인이기에 당하는 박해를 내가 어떻게 견딜 수 있을까? 무엇보다도, 성경에서 이기는 자가 들어간다고 말씀하신 하나님의 도성, 하늘의 영광에 감히 내가 들어갈 수 있을까?"(계 3:12 참고) 우리는 마치 죄의 쇠사슬에 결박되어 있다고 결론을 짓습니다.

그럼에도 불구하고 우리의 나쁜 기질이나 죄악된 본성 안에도 굉장한 보물이 숨어 있습니다. 우리가 해야 할 일은 그것을 발굴하는 것입니다. 아마도 여러분은 "보물이라뇨? 어떻게 그런 게 있을 수 있죠?"라고 물어볼 것입니다. 오직 죄인들과 병자만이 영혼의 의사를 찾아갑니다(눅 5:31). 그들만이 예수님을 찾아가 그분을 구주로 영접할 수 있습니다. 그리고 예수님의 도움과 구원을 경험할 수 있습니다. 자신이 구원받지 못했다고 느끼는 사람들만이 구세주를 필요로 하며, 까다로운 성격은 구원받지 못한 이들에게 전형적입니다. 예수님의 약속은 그들에게 이루어집니다. 그분은 우리를 죄의 속박에서 풀어 주시고 진정한 자유를 주시기 위해서 오셨습니다(요 8:36). 그렇다면 누가 예수님 구원의 역사를 가장 강력하게 체험하며 그분을 영화롭게 할 수 있을까요? 바로 죄의 속박으로 가장 고통받고 있는 사람들입니다. 예수님께서는 구원의 능력이 얼마나 강력한지를 그들에게 드러내십니다. 그들은 오직 귀중한 주의 보혈로 완전히 변화된 성품을 경험하게 될 것입니다.

이는 특히 대를 이어 내려오는 타고난 까다로운 기질에도 적용될 수 있습니다. 성경에는 놀라운 약속이 있습니다. "너희가 알거니와 너희 조상이 물려 준 헛된 행실에서 대속함을 받은 것은 은이나 금 같이 없어질 것으로 된 것이 아니요 오직 흠 없고 점 없는 어린 양 같은 그리스도의 보배로운 피로 된 것이니라"(벧전

1:18). 만약 사탄이 계속해서 우리를 죄의 속박에 묶어 두려 한다면, 이렇게 물리칠 수 있습니다. "나는 구원 받았다! 예수님께서 이미 그 값을 치르셨다!"

성격 장애에는 또 다른 보물이 숨어 있습니다. 우리 안에 있는 죄의 결박을 민감하게 감지하면 믿음의 싸움을 싸우게 됩니다. 사도 바울은 "믿음의 선한 싸움을 싸우라"(딤전 6:12)고 권면합니다. 오직 선한 싸움을 싸우는 자만이 승리의 면류관을 얻게 될 것입니다(딤후 2:5). 성경에는 믿음의 싸움을 통해 승리할 것이라는 약속이 있습니다. 하나님께서는 믿음의 싸움을 높이 평가하시는데 그 이유는 믿음의 싸움에 이미 승리의 씨앗이 깃들어 있기 때문입니다. 놀랍지 않습니까! 그렇다면 이 싸움을 싸우려는 사람들은 누구일까요? 까다로운 성격으로 인해 그 필요를 절실히 느끼는 사람들입니다. 다른 사람들과 잘 어울리는 조화로운 성격을 지닌 사람들은 문제를 일으키지 않기 때문에, 자신의 숨겨진 죄를 거의 보지 못하고 죄와 싸우지 않는 경우가 많습니다. 그러나 성격적인 문제로 곤란을 겪는 사람들은 믿음의 무기를 들고 예수님의 이름과 그 귀중한 보혈의 권세로 죄와 마귀에 맞서 싸우기 시작합니다.

비록 지금은 거의 또는 전혀 승산이 없어 보이는 싸움일지라도 하나님께서 보시기에는 모든 믿음의 싸움이 의미를 지닙니다. 승리의 면류관은 믿음을 지키는 사람에게 주어지기 때문에 모든 믿음의 기도가 중요합니다. 우리의 옛 자아가 여전히 살아 있어서 마귀가 이를 붙들고 놓지 않아 싸움에서 여러 번 질 때도 있습니다. 그럴지라도 예수님과 연합하여 그분의 능력으로 싸우는 사람들에게 최종 승리는 돌아갑니다. 예수님께서 십자가에서 "다 이루었다"라고 외치신 것이 분명한 것처럼 우리는 이미 최후의 승리를 얻었습니다. 우리는 승리자이신 예수님의 깃발 아래 싸우고 있는 것입니다.

까다로운 기질을 지닌 사람들에게 이것이 얼마나 엄청난 기회인가요! 우리는 신실하게 믿음의 싸움을 싸우면 됩니다. 이는 끝까지 믿음을 지키고 포기하지 않는 것을 의미합니다. 사도 바울은 인생을 마치면서 이렇게 말했습니다. "나는 선한 싸움을 싸우고 나의 달려갈 길을 마치고 믿음을 지켰으니 이제 후로는 나를 위하여 의의 면류관이 예비되었으므로…"(딤후 4:7-8). 믿음을 지키는 것은 개인적인 죄나 성격적 결함과의 싸움에도 적용됩니다. 그러므로 성격 장애는 기도로 믿음의 싸움을 하게 합니다. 이것은 우리가 끊임없이 예수님을 찾고 그분과의 교제로 이끌며 영적으로 살아 있게 합니다. 게다가 그것은 예수님을 영화롭게 합니다. 자신의 무력함에 직면할 때마다 우리 자신의 영예를 내려놓기 때문입니다. 비록 아직 승리가 보이지 않을지라도, 우리는 항상 새롭게 주님의 구원을 믿어야 하며 그분께로부터 온 모든 것을 신뢰해야 합니다. 역경은 우리를 구세주요, 구원자가 되신 예수님께로의 깊은 연합을 가져옵니다. 우리는 예수님께 더 가까이 가게 될 것이고, 우리의 마음은 예수님께 속했다는 감사로 가득 넘칠 것입니다. 예수님이 없었다면, 우리는 까다로운 성품으로 인해 영원히 길을 잃었을 것입니다. 우리가 주님의 용서를 새롭게 경험할수록 주님을 향한 우리의 사랑도 더욱 자라갈 것입니다.

모난 성격은 우리가 온 힘을 다해 믿음의 싸움을 싸우게 합니다. 우리가 신실하게 믿음의 싸움을 할 때만 영광의 목표에 도달한다는 것을 알기 때문입니다. 따라서 인내하며 믿음을 끝까지 지킵시다. 이것은 우리 자신을 극복하는 것을 의미하는데, 때로는 싸우고 싶지 않은 기분이 들거나 믿음의 싸움이 헛되다고 생각될 때면 매우 고통스럽기 때문입니다. 하지만 이 믿음의 싸움에는 고난이 들어 있기에 우리 자신뿐 아니라 다른 사람을 위해 놀라우리만큼 풍성한 결실과 축복을 가져다줍니다. 하나님께서 허락하신 것으로 고난을 받아들이고 신뢰하는 마음으로 "예, 하나님 아버지"라고 반응한다면, 고난은 적극적이고 창조적인 힘을 지니며 항상 열매와 축복을 가져다줍니다.

따라서 당신의 까다로운 성품에 대해 한탄하지 말고 믿음을 가지십시오! 시편 20편 5절의 말씀처럼 믿음의 깃발을 붙드십시오. "우리가 너의 승리로 말미암아 개가를 부르며 우리 하나님의 이름으로 우리의 깃발을 세우리니…"(시 20:5). 날마다 끊임없는 헌신으로 지치지 않고 자신의 모난 성품에 대한 믿음의 싸움을 싸우는 사람들을 예수님께서는 크신 사랑과 기쁨으로 바라보고 계십니다. 그들에게 예수님은 죄인의 구세주가 되어 주시고, 부활하신 주님의 승리의 영광을 드러내 주시며, 그들은 주님께 위로가 됩니다. 요즘에는 그리스도인을 포함한 많은 사람들이 예수님의 구원에도 불구하고 자신들의 죄의 속박을 좇아갑니다. 그러나 주님은 끝까지 인내하고 믿음의 싸움을 싸우는 사람에게 그분의 때에 이기는 자가 되게 하십니다. 예수 그리스도는 우리 일생을 통해 주님의 형상으로 우리를 빚어 가고 계시기 때문입니다. 우리가 믿음 안에서 지치지 않고 주님이 우리 과거의 잘못을 다루시는 정화 작업에 항상 새롭게 자신을 내어 드리면, 주님의 계획은 이루어집니다.

하나님은 지치지 않으시며, 그분의 사랑은 무한합니다. 비록 인생의 과정 속에서 여러 번 패배한다고 할지라도 마지막까지 계속해서 싸운다면, 언젠가 천국에 들어가 주님의 품에 안길 것입니다. 만약 이생에서 지치지 않고 예수 그리스도의 이름을 부르며 그분의 승리와 귀중한 보혈의 피를 힘입어 나아간다면, 이것을 경험하게 될 것입니다.

"승리는 우리 구주 예수 그리스도께 속한 것이니, 승리는 내 것일세!"

응답받지 못한 기도

자기 자신, 다른 사람, 해결되지 않은 어떤 문제를 놓고 하나님께 백 번, 천 번 넘게 믿음으로 기도해 온 당신은 거의 녹초가 되어 있지만 당신의 열렬한 간구에도 하나님은 응답하지 않으십니다. 하나님께서는 왜 응답하지 않으실까요? 그 이유를 찾기 위해서는 먼저 하나님으로부터 멀어지게 하는 기도의 방해 요소가 있는지 물어야 합니다. 예를 들어, 우리 삶의 어느 특정 영역에서 우리는 하나님의 뜻과 명령으로부터 벗어나 있을지도 모릅니다. 아니면 우리 안에 회개하지 않은 죄가 있을 수도 있습니다. 또는 불화나 비통함, 억울함과 시기심 속에서 살고 있는지도 모릅니다. 성경에서는 기도의 방해 요소나 응답받는 기도의 전제 조건에 대해 매우 분명하게 말해 줍니다. 만약 하나님 께서 기도의 방해 요소를 제거하시도록 우리가 응답을 기다려야만 한다면, 이 시간은 우리에게 통회와 회개 로 인도해 주는 유익한 시간이 될 것입니다.

하지만 기도의 방해 요소가 없다 하더라도, 하나님 께서는 대체로 우리의 기도에 즉시 응답하지 않으십니 다. 하나님이 우리를 위해 사랑의 계획만 가지고 계신 분이라면 과연 그분의 의도는 무엇일까요? 나는 기도 응답을 많이 받았지만 나의 뜨거운 갈망에도 불구하 고 오랜 시간 동안 응답을 기다리는 고통스러운 경험 도 자주 했습니다. 특히 나의 인생이나 사역 또는 내가 특별히 마음에 두고 기도하는 사람의 경우 10년, 20년 때로는 30년이 지나서야 기도 응답을 받았습니다. 회 상해 보면 하나님은 기도 응답의 기적과 함께 기쁨과 경배, 감사가 더욱 넘치도록 오래 기다리셨던 것 같습 니다. 오랜 기도가 성취될 때 흔히 그 응답은 우리의 기도를 훨씬 뛰어넘습니다. 기다림의 시간이 길고 힘들수록 하나님은 더욱 풍성히 응답하셔서, 우리는 다만 경외심에 차서 그분께 경배드리지 않을 수 없습니다. 이는 마치 그 풍성함이 그동안 막혀 있던 그분의 선하심과 인자하심을 폭포수처럼 쏟아 붓는 것과 같습니다.

기도 응답을 기다리는 것에는 또 다른 축복이 숨어 있습니다. 하나님께서는 우리가 간구한 것보다 훨씬 더 좋은 것을 주기 원하시기 때문에 기도 응답을 지연하시기도 합니다. 하나님이 우리의 간구 그 이상으로 응답하실 때는 장기간의 기다림 이후에 주어질 수 있습니다. 물론 우리는 그 아픈 기다림의 시간을 겪어야 하지만, 그 결과는 달고 그 가치는 영원합니다.

나는 이러한 인내의 시간을 통해 위대한 것들이 만들어진다는 사실을 깨달았습니다. 하나님께서 나의 기도를 듣지 않으시거나 나의 간구에 응답하지 않으신다고 느껴질 때, 나는 항상 새롭게 나의 믿음을 총동원해야 했습니다. "주님께서 언젠가 저의 기도에 응답하

실 것을 믿습니다. 나는 하나님을 신뢰합니다. 나의 기
도는 헛되지 않으며 주님은 모든 기도에 귀를 기울이
십니다. 주님의 말씀으로 이것을 약속하셨으니 반드시
성취될 것입니다." 많은 믿음의 결정과 행위가 따르면
놀라운 일들이 일어납니다. 믿음의 면류관이 만들어지
고 있는 것입니다. 하나님의 계획이 놀랍지 않습니까!
기다림의 시간 동안 눈에는 보이지 않지만 중요한 것
들이 만들어진다니 얼마나 귀중한 하나님의 계획과 선
물입니까! 아무것도 일어나지 않는 것처럼 보일 때 믿
음으로 인내하며 계속해서 싸우는 일은 고통스러운 것
입니다. 하지만 그 고난 속에 놀라운 축복이 감추어져
있습니다. 우리의 믿음이 더욱 강해지고, 나중에 또 다
른 역경과 시험이 닥쳐왔을 때 하나님을 신뢰하고 믿
는 것이 수월해지며, 믿음으로 '산을 옮기는' 일이 가
능해집니다.

응답의 기다림에는 우리를 위한 또 다른 선물이 예
비되어 있습니다. 바로 겸손입니다. 주제넘게도, 우리
는 하나님께서 우리의 기도에 바로 응답하셔야만 한

다고 생각하는 경우가 많습니다. 우리는 하나님께서 원하시는 것을 하지 않고 그분을 계속 기다리게 하면서 말입니다. 그런데 이것은 인간관계에서도 보게 되는데 힘과 특권을 가진 사람들은 곧바로 책임자에게 가서 자신들의 요구사항을 단숨에 이루어 내는 반면, 별로 중요하지 않은 사람들은 기다려야 합니다. 우리는 전능하신 하나님께서 우리의 기도에 응답하실 때까지 기다리면서 우리의 위치를 깨닫게 됩니다. 그리고 이는 우리를 작고 겸손하게 만듭니다. 가장 높으신 분의 아들인 예수님을 더욱 닮아가게 합니다. 예수님께서는 자신을 "나는 마음이 온유하고 겸손하니"(마 11:29)라고 하셨습니다. 우리의 기도에 즉각적으로 응답하지 않으시고 긴 기다림의 시간을 통과하게 하시는 하나님의 다루심은 얼마나 놀라우며, 그 인도하심이 얼마나 지혜로운지요! 하나님께서 우리의 기도를 듣지 않으시는 것처럼 보일 때 하나님과 이해할 수 없는 그분의 섭리 앞에 자신을 굽히는 겸손, 즉 하나님의 자녀로서의 고귀함을 얻게 됩니다. 우리를 기다리고 또 기다려야 하는 길로 이끄시는 사랑의 하나님의 섭리를 통해 믿음, 인내, 겸손이 우리 안에 형성됩니다.

우리의 고집이나 불순종이 아닌 예수님의 뜻에 따라 구한 기도라면, 결국 우리는 주님께서 우리의 기도를 들으시고 응답하신다는 것을 알게 됩니다. 긴 기다림의 시간 후에 우리는 겸손한 마음으로 우리가 구한 것을 받게 될 것입니다. 이로써 하나님 아버지에 대한 감사가 넘칠 것이고, 하나님께서 우리를 위해 하신 일을 절대 잊지 못할 것입니다. 우리의 겸손한 마음에서 나오는 경배는 더욱 깊어질 것이고, 기도로 우리가 받은 것을 더 소중히 여기게 될 것입니다. 우리는 주님께 더 가까이 가게 되고, 지혜와 자애로운 사랑으로 우리를 기르시는 그분의 마음을 알게 될 것입니다.

오직 그리스도의 형상을 닮은 사람들에게만 주어지는 기쁨으로 언젠가 주님과 함께 영원히 지내면서 주님의 얼굴을 바라볼 수 있도록, 주님은 우리를 이 기다림의 시간에 그분의 형상으로 빚어 가십니다. 따라서 이 기다림의 시간을 어떻게 잘 사용하는가는 우리에게 달려 있습니다.

그러나 긴 기다림의 시간 후에도, 주님께서 항상 그대로 응답하시는 것은 아닙니다. 때때로 주님은 우리의 유익을 위해 기다림의 시간을 허락하실 뿐만 아니라 우리가 생각하고 바라던 것과는 전혀 다른 방법으로 응답하시기도 합니다. 예를 들어, 우리는 우리를 힘들게 하거나 우리가 싫어하는 사람들의 태도를 바꾸어 달라고 기도할지도 모릅니다. 그러나 이런 우리의 기도는 이루어지지 않습니다. 왜일까요? 지혜로우신 예수님은 우리가 어린양의 형상으로 변화되기를 원하시기 때문입니다. 그분은 우리가 원수를 사랑하고 영안에서 축복하는 주님의 형상으로 변화되기를 원하십니다. 원수를 향해 이렇게 자비로운 사랑의 자세를 지닌다면 우리는 예수님을 믿지 않는 사람들에게 축복이 될 수 있으며, 때로는 그들과의 문제를 극복할 수 있습니다. 이처럼 주님께서는 우리의 기도를 들으셨지만 우리가 생각한 방법과 다르게 응답하십니다.

그러나 한 가지는 확실합니다. 때로는 우리의 생각보다 훨씬 더 높고 놀라운 그분의 생각과 계획과 목적을 우리는 곧바로 이해할 수 없어도, 하나님께서는 항상 우리의 기도에 응답하신다는 것입니다. 하나님은 그 누구보다도 우리를 사랑하시며, 우리가 상상하고 기도할 수 있는 것보다 훨씬 더 우리를 축복하기를 원하십니다. 60년이 넘는 예수님을 따르는 생애를 통해 나의 기도가 응답되지 않는 것처럼 보일지라도 나는 이것을 항상 경험했습니다. "구하라 그리하면 너희에게 주실 것이요." 성경말씀은 진실이기에, 우리 하나님의 사랑을 온전히 신뢰합시다.

재능 부족

재능이 부족하다고 느끼십니까? 당신은 스스로 다른 사람들이 수월하게 하는 특정한 직업이나 업무를 수행하기에 부족하다고 느낄 수 있습니다. 아마 당신은 신체적인 장애, 예를 들어 힘이 부족하다거나, 체력이 약하거나 또는 나이가 들었을 수도 있습니다. 또는 당신은 외모가 매력적이지 않거나 외향적인 성격이 아니어서 쉽게 다른 사람들에게 인정과 존중을 받지 못할 수도 있습니다. 당신은 하나님으로부터 차별 대우를 받고 방치된 느낌을 받아 크게 고통받을 수 있습니다. 재능이 있는 사람은 모든 일을 효과적이고 성공적으로 헤쳐 나갈 뿐 아니라 상황 판단이 빠르고 안목이 있으며 기억력이 좋습니다. 또한 다방면에 지식이 있어 모든 임무를 총괄하며 그 지식은 곧 그의 힘으로 통합니다. 그러나 그렇지 못한 당신은 거의 무시당한다고 느낍니다. 매력적인 성격을 지닌 사람은 다른 사람들에게 인기가 많고 금방 친구를 사귀는 반면, 당신은 냉대를 받으며 누구 하나 당신에게 관심을 보이지 않습니다.

이러한 상황에서 당신은 이렇게 물을지도 모릅니다. "어떻게 하면 이 고통을 견딜 수 있을까요? 내가 우울해지고 불행해지지 않으려면 어떻게 해야 할까요?" 당신에게 도움이 될 만한 이야기가 있습니다. 영어에 대한 나의 부족함 때문에 의사소통이 잘 이루어지지 않아 괴로워하던 때 이것이 도움이 되었습니다. 해외로 여러 차례 여행을 다니는 동안 나는 이 결함을 고통스럽게 맛보았습니다. 나의 사역에서는 영어를 이해하고 말하는 것이 필수적이었지만 언어에 재능이 없는데다가 학창 시절에 불어와 고전어를 공부했기 때문에 나는 영어를 잘할 수 없었습니다. 나중에 주님께서 이 결함을 극복할 수 있는 더 이상의 시간적 여유와 기회마저 허락하지 않았을 때, 나는 다음과 같은 기도를 적어 내려갔습니다.

> 오 나의 아버지, 저는 기꺼이 가난하고 능력 없는 부족함을 택하겠습니다. 그리고 이 "예"로서 하나님을 높이기를 원합니다. 그러면 제가 할 수 없는 것을 당신께서 성취하실 것입니다. 결국 아버지 당신만이 홀로 주님의 메시지를 전하는 길을 여실 것입니다.

이 헌신의 행위는 내가 무척 견디기 힘들어했던 것을 변화시켰습니다. 나의 소망과 의지를 숨김없이 하나님께 내려놓을 때, 내가 하나님과 하나 되고 이것으로 인해 마음의 평화가 깃드는 것을 발견했습니다.

물론 이 결함 때문에 고통의 대가를 치러야 했습니다. 특별히 메시지를 전달하는 것이 여행의 목적이었음에도 불구하고, 부족한 영어 실력 때문에 나에게 맡겨진 메시지를 제대로 전달할 수 없었습니다. 영어를 제대로 하지 못했기 때문에 나는 중요한 대화와 인터뷰에서 배제되었고, 내가 바라던 것처럼 다른 사람들과 깊게 마음을 나누지 못했습니다. 그러나 이 모든 상황 속에서도 주님은 나에게 깊은 내면의 기쁨을 주셨고, 나 자신을 이렇게 작고 무력하게 만드신 것으로 인해 하나님께 감사드렸습니다. 왜냐하면 나는 주님께서 보잘것없고 아무것도 할 수 없는 사람들을 사랑하신다는 것과 나의 사역을 다른 방법으로 이루어 가신다는 것을 알았기 때문입니다. 나는 하나님께서 얼마나 놀라운 방법으로 이런 일들을 이루어 가시는지 여러 번 경험했습니다. 그 실례로 몇 년 후에, 주님께서는 우리가 말씀 전파를 위한 영화와 영상 사역을 하도록 도와주셨습니다. 주님의 도우심으로 우리는 결국 영어로 메시지를 전달할 수 있었고, 그 메시지는 당시 영어권 국가의 수백만 명에게 텔레비전으로 방송되었습니다.

그래서 나는 자신의 부족함, 무능력함, 특정한 결함을 아버지 앞에서 인정하라고 당신을 북돋워 주고 싶습니다. 그것들은 하나님 아버지께로부터 온 것으로 아버지는 다른 사람들에게 풍성히 나누어 줄 수 있는 은사와 부러워할 만한 장점과 같은 굉장한 축복을 그 안에 숨겨 놓으셨습니다. 무력함 때문에 당신은 겸손한 하나님의 아들, 주 예수님께 어느 누구보다도 더 가까이 가게 될 것입니다. 하나님의 뜻에 헌신했기 때문에 당신은 가난하지만 부유합니다. 또한 아버지의 기뻐하심은 당신과 함께할 것입니다.

하나님께서는 마음이 가난하고 무능하며 재능이 없는 사람들을 위해 또 다른 선물을 예비해 놓으셨습니다. 재능을 풍성히 부여받지 못했다는 사실은 당신을 겸손하게 만듭니다. 많은 사람들은 재능을 통해 자신감이 넘쳐 자만하게 될 위험이 있습니다. 또한 그들은 교만한 사람들을 거부하시는 하나님을 고통스럽게 경험하게 될 것입니다. 하나님은 겸손한 자들에게 은혜를 베푸십니다. 만약 하나님께서 당신에게 어떤 재능을 주시지 않았는데 당신이 전적으로 주님을 의지하고 이것이 주님께로부터 온 것임을 겸손하게 받아들인다면, 당신은 하나님의 은혜 아래 거하게 될 것입니다. 그리고 당신이 부족하다고 느낄 때마다 자녀로서 아버지 앞에 나아가 도움을 구한다면, 당신에게 정말 필요한 도움을 얻게 되어 실제로는 부한 자가 될 것입니다. 오히려 많은 재능을 받았지만, 하나님을 의지하지 않는 사람들이 바로 가난한 자들입니다.

유능하거나 재능이 많다는 평판을 듣는 것 또는 특정한 영역에서 뛰어난 것이 결정적 요소가 아님을 기억하십시오. 정말 중요한 것은 다른 사람들이 나를 어떻게 평가하는가가 아니라 하나님께서 나를 어떻게 평가하시는가입니다. 이것은 다가올 영생에서 변하지 않는 중요성을 지닙니다. 반대로 사람들의 좋은 평가는 지상에서의 삶이라는 짧은 기간 동안에만 적용되며, 하나님의 눈으로 보면 아무 것도 아닌 죽을 수밖에 없는 인간의 가치에 불과합니다. 세상의 관점에서는 아무것도 아닌 것처럼 보이는 가난하고 무능하고 보잘것없는 사람들이 하나님께는 더 중요합니다. "하나님께서 세상의 미련한 것들을 택하사 지혜 있는 자들을 부끄럽게 하려 하시고 세상의 약한 것들을 택하사 강한 것들을 부끄럽게 하려 하시며"(고전 1:27). "사람은 외모를 보거니와 나 여호와는 중심을 보느니라"(삼상 16:7).

그러니 이제부터 당신의 부족함을 기뻐하고 자랑하십시오. "나는 하나님께 훨씬 더 가치 있는 사람이야. 하나님께서는 재능과 지혜가 부족한 모든 자녀들을 특별히 돌보시기 때문에 나는 하나님의 특별한 사랑을 받고 있어. 지혜롭고 총명한 사람들보다 나같이 재능이 부족한 사람들을 통해 하나님께서는 더 큰 영광을 받으실 거야!" 만약 당신의 무능함을 이렇게 기뻐하고 가난을 감사한다면 당신은 하나님 안에서 부유하게 될 것입니다. 당신의 열등감은 사라지고 더 이상 불행해지지 않을 것입니다. 이 세상의 창조주이자 아버지이시며 심판자되신 하나님께서 당신을 인정하시고 사랑하시며 당신을 특별하게 생각하신다는 것을 알기 때문입니다. 그리고 그분의 판단만이 중요합니다.

당신에게 위로가 될 만한 것이 또 한 가지가 있는데

무능력과 부족함이 당신에게 장점이 된다는 것입니다. 당신은 무력함 때문에 자연스럽게 하나님을 의뢰하게 됩니다. 스스로 할 수 없기 때문에 매순간 하나님께 도움을 구합니다. 이것은 하나님께 더욱 깊이 의지하게 만들고 '혼자 힘으로' 모든 것을 할 수 있는 사람들보다 훨씬 더 하나님 아버지와 가까운 관계를 맺도록 이끌어 줍니다. 하나님 안에서 풍성한 기쁨과 사랑의 근원을 발견하게 될 것이며, 이것이 당신으로부터 흘러넘칠 것입니다. 이 사랑은 결국 주변 사람을 향한 사랑으로 불타게 하니 얼마나 귀한 일인지요! 사랑은 모든 은사 중에서 가장 좋은 은사이기 때문입니다(고전 13장). 주변 사람들에 대한 사랑은 그들의 마음을 열게 할 것이고, 당신은 많은 재능이나 다른 장점들을 가졌을 때보다 훨씬 더 큰 포용력을 지니게 될 것입니다. 따라서 사랑하십시오. 그러면 당신의 부족함에서 비롯되는 아픔과 거리낌이 사라질 것입니다. 예수님의 사랑이 당신 안에서 승리할 것입니다.

나이 듦

나는 연세 드신 한 친척 분을 만날 때마다 어떻게 지내셨는지 물어보곤 하는데 그분은 나이가 들어가는 것에 대한 어려움을 이렇게 털어놓았습니다. "아, 모든 게 악화되고 있어요. 내 시력, 청력… 모든 것이 사라지고 있어요."

이해력이 감소한다는 것이 얼마나 힘든 일인가요! 지식인으로서 중추적인 역할을 담당하셨던 이 신사적이고 똑똑한 노인은 지금 더 이상 시대의 흐름을 따라가지도, 신문과 책을 읽지도 못합니다. 모든 것을 제대로 받아들일 수 없다는 것이 얼마나 굴욕적인가요! 그분은 여전히 이해하고 싶어 하지만 그럴 수 없습니다.

그러고는 이렇게 한탄하기 시작합니다. "내 기억력이 쇠퇴하고 있어!" 80대까지만 해도 이 노 신사는 굉장한 기억력을 갖고 있었습니다. 그러나 기억력이 점점 쇠퇴하기 시작하더니 이제는 더 이상 예전처럼 자신의 의견을 표현하지 못합니다. 기억력이 나빠져서, 다양한 화제가 오르내리는 대화에 참여할 수 없고 더이상 이런 문제에 대해 알지 못합니다.

예전에는 모든 면에서 민첩하고 특히 걸음이 빠른분이셨는데 이제는 다른 사람의 팔을 의지하거나 지팡이의 도움을 받아서 겨우 앞으로 움직일 수 있습니다. 다양한 버팀목에 의존하시더니 지금은 계속적인 도움이 필요합니다. 하나님께서는 신체적·정신적인 능력을 가져가시고 진정한 의미에서 우리를 가난하게 하셔서, 다른 사람들에게 의존할 때 겪는 인간의 곤고함을 모든 면에서 경험하게 하셨습니다.

많은 노인분들은 감정적으로 고통을 겪으십니다. 대부분은 혼자 지내는 경우가 많은데 배우자가 먼저 돌아가셨을 수도 있고, 자녀들이 독립하여 다른 곳에서 가정을 꾸리고 살고 있을 수 있으며, 친구들이나 지인들도 거의 다 돌아가셨을 수도 있습니다. 누가 이런 노인에게 관심을 보이겠습니까? 사랑받는 노인은 거의 없습니다. 특별히 그들이 삶에서 많은 사랑을 심지 않았다면 더욱 그렇습니다.

나이가 드는 것은 고통 중의 하나입니다. 게다가 자연스럽게 노화에서 오는 다양한 질병을 동반합니다. 모든 면에서 자신이 하고 싶은 대로 더 이상 할 수가 없습니다. 따라서 자신의 상태에 대해 반항하는 마음이 들 수 있습니다. 쉽게 억울해하면서 스스로 삶을 더 어렵게 만들고 주변 사람들을 견디기 힘들게 할 수 있습니다. 속담에서 말하는 것처럼, "나이를 먹는 것은 예술의 일종이지만 누구나 숙달할 수 있는 것은 아닙니다."

그러나 나이가 든다는 것은 익힐 수 있는 예술일 뿐만 아니라 노인에게서 나오는 특별한 광채를 발할 수 있습니다. 하나님께서는 이 고통을 영광의 축복으로 변화시키기를 원하십니다. 내가 말한 나이 드신 친척 분은 이런 간증을 나누셨는데 정신적인 능력과 신체적인 조건들이 쇠퇴해 가자 묵상과 기도의 시간이 많아지면서 계속적으로 하나님의 관점에서 삶을 생각해 볼 수 있었다고 합니다. 그러자 놀랍게도, 내가 그분을 방문할 때마다 주님께서 어떻게 그분의 삶에서 잘못된 부분들을 보여 주셨는지 듣게 되었습니다. 예를 들어, 그분은 자신의 능력 때문에 자만해지고 야망을 품게 되었다고 말씀하시면서 아직 이것을 회개할 시간이 주어진 것에 감사해하셨습니다. 주님께서 작고 겸손해지는 길로 인도하실 때 그분은 이것을 감사해하며 기쁘게 받아들이셨습니다.

그가 자신의 진실한 모습을 솔직히 받아들이자 삶에 변화가 일어났습니다. 자신을 전능하신 하나님의 손 아래 내려놓으며, 과거에 잘못했던 모든 것들을 참회했습니다. 지금 그의 삶은 매우 달라졌는데 한때 그는 유능하고 사랑받는 지도자였습니다. 그러나 하나님께서 모든 것을 가져가시자 다른 사람들에게 의존할 수밖에 없게 되었고, 더욱 겸손해졌으며, 자신에게 해주는 매우 작은 섬김에도 감사하게 되었습니다.

그의 정신적인 능력은 약해지고 있지만 영적인 능력은 해마다 자라고 있습니다. 정말 놀랄 만한 변화로 그가 기도할 때는 갑자기 기억력이 최고조에 달한 것 같습니다. 그는 하나님 앞에 자신이 중보하는 다양한 기독교 단체의 짐과 염려, 문제들을 가져가서 그들의 필요를 구합니다.

겉보기에 다재다능했던 한 남자는 쇠약해졌지만 내적으로는 계속 새로워졌습니다(고후 4:16). 같은 방법으로 인간적이고 세속적인 재능은 쇠퇴했지만 영적으로는 더 강건해지고 은사가 나타났습니다. 하지만 여기에는 전제 조건이 있는데 우리 구주 예수 그리스도에 대한 믿음입니다. 그를 믿는 자는 영생, 즉 하나님께로부터 오는 거룩한 생명을 지니게 되며 이 생명은 영원합니다. 이 진리는 예수 그리스도 안에 있는 자들에 의해 증거됩니다. 왜냐하면 그분은 영원한 분이시며, 그분의 신령한 능력은 절대 쇠퇴하거나 없어지지 않기 때문입니다. 비록 우리가 지닌 인간적인 힘과 재능은 점진적으로 사라진다고 하더라도, 우리가 그리스도 안에 거할 때 그분께서는 자신의 능력과 영광을 더욱 드러내실 것입니다.

이처럼 나이를 먹는다는 것은 얼마나 큰 축복인가요! 하나님의 영광을 드러낼 수 있는 얼마나 좋은 기회입니까! 나의 친척 분에게는 많은 사람을 위한 영적인 삶이 중요하게 되었고, 많은 사람이 그에게 기도 부탁을 하러 왔습니다. 그분은 다른 노인들처럼 환영받지 못하고, 인생의 목적 없이 모두에게 짐이 되는 그런 사람이 결코 아니었습니다. 예수 그리스도가 그 안에 살아 계셨기에 오히려 다른 사람들에게 많은 축복을 가져다주었습니다. 노년의 고통이 그를 겸손하고 작아지게 만들었기에 예수님께서 거하실 자리는 더욱 커져갔고, 그 어느 때보다 강력히 빛났습니다. 그리고 자신의 생애에 대한 통회와 회개의 삶을 사셨기에 그분을 통해 그리스도가 이전보다 더욱 크게 영광받으시고 영적인 능력을 부어 주실 수 있었습니다.

하나님께서는 영원한 기쁨의 샘이 노년에 최고조로 솟아나기를 원하십니다. 노년기는 진정한 기쁨을 가져다줄 수 있습니다. 우리 구주 예수님을 사랑하는 모든 사람은 나이가 들수록 곧 주님이 계신 집으로 간다는 기쁨이 있기 때문입니다. "나는 곧 사랑하는 주님을 보게 될 거야. 나는 곧 영원한 집, 평화와 사랑과 영원한 기쁨이 있는 하나님 나라에서 더 없이 행복하게 지내게 될 거야." 나의 친척인 노 신사의 경우에서 보듯이, 주님과 하나 되어 노년기의 시련을 견디는 사람들에게 주님은 이 기쁨을 전해 주기 원하십니다.

우리가 하지 말아야 할 것 한 가지가 있는데 나이가 들어가는 고통을 저항하고 받아들이지 않는 것입니다. 그렇게 되면 우리 안에 있는 신성하고 영원한 생명을 죽이게 됩니다. 왜냐하면 모든 반항과 거부는 우리를 하나님으로부터 분리시키고 주님께서 우리에게 신성한 생명을 부어 주시는 것을 막기 때문입니다. 그러나 노년기의 시련을 받아들이고 전적으로 자신의 의지를 구주 예수 그리스도께 내려놓는 사람들은 위대한 약속을 실제로 경험하게 될 것입니다. "내 은혜가 네게 족하도다 이는 내 능력이 약한 데서 온전하여짐이라"(고후 12:9). 그렇다면 이 능력은 무엇일까요? 주님 안에 있는 사랑, 기쁨, 기도와 권위의 능력입니다. 노년기에 이 모든 것이 우리의 것이 될 수 있다니 나이가 든다는 것은 이렇게 놀라운 희망을 가져다줍니다.

그러나 아직 온전히 예수님께 자신의 생을 맡기지 않은 사람들은 그 무엇보다도 예수님을 사랑하고 그분께 헌신해야 합니다. 이것은 그럴 만한 가치가 있습니다. 마음속에 예수님의 거처가 있는 사람들은 기쁨과 행복 속에 거하는데 이는 특히 노인들에게서 뚜렷하게 나타납니다. 그들은 예수님을 드러내고, 다른 사람들에게 기쁨을 가져다주며, 주님께서 그들을 부르실 그 날을 바라보며 더없이 행복한 기대 속에 살아갑니다. 그들이 필요로 하고 바라는 모든 것이 예수 그리스도 안에 있습니다. 우리에게 아무 것도 없을 때 모든 것을 지니신 주님이 우리 안에서 일하실 수 있고, 우리에게 부족한 모든 것을 주실 수 있습니다.

고난, 열두 번째

빈곤과 필요

풍요의 시대는 지나갔습니다. 서구 사회도 마찬가지입니다. 경제 위기가 전 세계적으로 확산되고 있습니다. 끔찍한 빈곤과 기근이 전 세계적으로 경제 파탄을 가져올 수 있습니다. 실업이 만연해지고, 기업들은 차례대로 부도가 나며, 물가는 계속해서 오르고 있습니다. 당신은 자신이 점점 더 가난해지고 있음을 절감하고 있을지 모릅니다. 당신이 소유하고 있는 얼마 되지 않는 화폐는 가치를 잃어가고 있고, 궁핍은 당신의 마음을 괴롭게 하며, 가족들의 생계는 어떻게 이어 가야 할지 염려스럽습니다.

가난이 곧 당신의 집에 들이닥칠 것이라는 염려나 이미 가난을 겪고 있는 현실이 모두 고통스럽습니다. 그러나 하나님께서는 이 고통 역시 당신에게 유익이 되도록 변화시키실 수 있습니다. 당신이 반드시 필요로 하는 것에 부족함이 없게 하실 것입니다. 가장 중요한 것은 그분을 전에 없이 경험하게 하실 것입니다. 언제 그런 일이 일어날까요? 바로 당신의 궁핍과 염려를 주님께 갖고 나올 때입니다. 모든 것이 풍족할 때는 아마도 이를 당연히 여겨서 날마다의 필요에 대해 하나님 아버지께 구하지 않을 것입니다. 그러나 궁핍할 때는 주님께 도움을 구하고 주님을 신뢰하게 됩니다. 주님은 당신에게 필요한 것이 무엇인지 잘 알고 계시며, 가난한 자를 부요하게 하십니다. 하늘에 계신 아버지는 궁핍한 자를 긍휼히 여기시며, 그들을 돕고자 하십니다.

제2차 세계대전 이후, 수많은 피난민들이 챙겨 왔던 적은 소유마저 잃어버리고 가진 것 없이 전국을 유랑할 때 우리는 이것을 경험했습니다. 다들 여러모로 보나 가난했고, 심지어 부유했던 지주들조차 이제 더이상 남은 것이 없었습니다. 하지만 수년이 흘러 부족함 없이 지내게 되었을 때 많은 사람들은 이렇게 간증했습니다. "가난했을 때가 훨씬 더 행복했습니다. 우리는 끊임없이 주님께 도움을 요청했고, 주님의 도우심을 믿었습니다. 그리고 실제로 기적을 체험했습니다. 예상치 못한 곳에서 우리에게 필요한 것들을 받게 되었는데, 인간의 관점에서 보면 거의 불가능한 일이었습니다. 우리는 개인적으로 이전에는 알 수 없던 하나님 아버지의 사랑을 맛보았습니다. 그분이 우리 곁에 매우 가까이 계셨는데, 참으로 행복하고 긴밀한 관계였습니다. 아버지의 모든 도움과 사랑의 선물을 통해 요즘 알지 못하는 큰 기쁨을 느꼈습니다. 우리는 자주 그 시절을 갈망합니다!"

이것은 사실이며 주님은 가난한 자를 부요케 하십니다. 하나님의 마음은 그들에게 향해 있습니다. 2차 세계대전 직후에 설립된 우리 자매회도 이를 경험했습니다. 당시 음식이 매우 귀했는데 많은 자매들이 우리와 함께 생활하러 왔을 때, 아무도 겨울 동안 먹을 배급된 감자를 가져올 수 없었습니다. 우리는 어떻게 살아야 할지 염려되었습니다. 감자는 주된 식량이었고, 우리에게는 겨우 두 명이 먹을 만큼의 양밖에 없었습니다. 그 외에도 우리는 다른 식량자원, 돈, 의복, 가재도구 등 많은 것들이 부족했습니다. 하지만 그때 우리는 많은 기적을 경험했습니다. 한 예로 나는 부엌에서 일하는 자매와 함께 매일 저녁 지하창고에 얼마 남지 않은 감자를 위해 축복 기도를 했습니다. 그러자 하나님께서는 감자를 풍성히 배가시켜 주셨습니다. 손님들은 물론이고 일곱 명이 더 늘어난 우리 식구들이 1년 내내 부족함 없이 먹을 수 있었습니다. 부족한 가재도구들도 갑자기 예상치 않은 곳에서 보내져 왔습니다. 우리가 기도했던 당시 흔치 않았던 빗자루가 든 상자가 도착했을 때도 얼마나 기뻤는지요. 그 기증자는 주님께서 우리에게 빗자루를 보내라는 마음을 주셨다는 메모도 함께 보냈습니다.

이런 경험을 기록하자면 얼마든지 계속할 수 있는

데 우리는 35년이 넘는 세월 동안 하나님의 말씀은 반드시 이루어진다는 것을 경험했습니다. 우리가 먼저 하나님의 나라를 구하면, 즉 우리 자신과 노력 등 모든 것을 하나님 나라의 확장을 위해 드리고 주님이 명하신 대로 통회하고 회개한다면, 주님께서는 우리가 살아가는 데 필요한 다른 모든 것을 "더해 주실" 것입니다(마 6:33). 믿음으로 살아가기에 우리는 고정된 수입은 물론 우리의 봉사에 대한 어떤 대가도 지불받지 않았습니다. 우리는 가난했습니다. 그 초창기에 우리가 어떻게 살아갈 수 있었을까요? 당시에는 제대로 된 후원자들도 없었습니다. 그러나 우리가 필요한 모든 것이 채워졌고, 항상 우리 앞에 식탁이 차려져 있었습니다.[3] 오늘날까지 우리는 하나님의 기적적인 공급하심과 "주님께서 매우 아름답게 입히시는 들판의 백합화보다 우리가 훨씬 더 귀하다"라는 예수님의 말씀을 실제로 경험하면서 삽니다. 현재 우리 자매회에는 약

---

3   바실레아 슐링크, 『기도응답의 기적』, 한화영 역 (생명의 말씀사, 1999: *Realities*).

200명의 자매들이 있는데 후원자들에게서 받는 헌금은 하나님 나라를 위해 사용합니다. 그런데도 여전히 우리는 음식이 차려진 식탁에 앉아 밥을 먹으며, 살아가는 데 꼭 필요한 모든 것을 소유하고 있습니다.

　그러나 가난의 길을 걸으면서 우리에게 무엇인가가 부족할 때 기도한다고 해서 그 필요가 저절로 채워지는 것은 아니라는 사실을 경험했습니다. 앞에서 언급했듯이, 하나님께 올려지는 능력 있는 기도는 기도의 장애물, 즉 우리 안에 있는 갈등이나 불화 또는 하나님의 명령을 온전히 지키지 못하는 것을 회개함으로 기도의 장애물을 제거할 때 유효합니다. 이것은 우리의 죄를 통회하고 예수님과 주변 사람들에게 용서를 구하며 돌이키는 것을 의미합니다. 성경말씀에 따르면 이것이 응답받는 기도의 조건이며, 이 조건이 충족될 때에만 우리는 하나님께서 말씀하신 것처럼 가난한 자들의 간구를 들으신다는 것을 새롭게 경험할 수 있습니다. "그는 궁핍한 자가 부르짖을 때에 건지며 도움이 없는 가난한 자도 건지며"(시 72:12). 그러므로 가난한 것이 기쁨이 될 수 있습니다. 예수님과 함께 견디는 다른 모든 고난처럼 궁핍에도 충만한 기쁨과 영광이라는 놀라운 보화가 들어 있기 때문입니다. 우리가 가난할 때 도움이 필요한 사람들과 기꺼이 나눈다면, 하나님께서 말씀대로 행하실 것입니다. "주라 그리하면 너희에게 줄 것이니"(눅 6:38). 가진 것을 나누기를 좋아하는 가난한 사람들은 가장 부유한 사람들이 되는데 하나님께서 그들에게 풍성하게 갚아 주실 것이기 때문입니다. 한 선교사님이 게릴라에게 납치되어 몇 주 동안 덤불 속을 지나셨는데 감시 요원 중 한 명이 선교사님이 사용하는 약을 달라고 요구했다고 합니다. 선교사님은 이 약 없이는 견디지 못할 것이기에 힘든 마음으로 그 사람에게 약을 주었는데 그때 하나님께서는 기적을 베푸셔서 예상과는 달리 선교사님의 건강을 약 먹을 때보다 훨씬 좋아지게 하셨다고 합니다.

우리가 도움이 필요할 때 이처럼 하나님께서 개입하실 것을 기대해야 합니다. 전 세계적인 경제 위기로 기근이 닥칠 수도 있습니다. 만약 그때 우리가 가진 마지막 빵 조각을 나누어 준다면, 하나님께서는 궁핍 가운데 있는 우리에게 살아갈 수 있는 힘을 주시고 우리를 부요하게 하실 것입니다. 하나님의 임재는 자연의 법칙까지도 거스르며, 모든 것을 변화시키기 때문입니다.

그러므로 궁핍과 기근의 시기를 두려워하지 맙시다. 오히려 경박하게 죄를 짓지 않는 하나님을 경외하는 마음으로 하나님께서 기뻐하시는 길을 갑시다. 하나님 나라의 확장을 위해 주의 명령을 따라 살며 기쁨으로 우리의 것을 나눕시다. 그럴 때 주님을 통해 그리고 주님 안에서, 궁핍하고 어려운 우리가 가장 부요한 자들이 될 것입니다.

고난, 열세 번째

죽음에 대한 두려움

요즘에는 주변에서 종종 이런 말을 듣습니다.
"그 사람 암에 걸렸대. 얼마 못 사나 봐."

또는 불가피하게 곧 죽음을 맞이하게 될 나이가 될
수도 있습니다. 매년 수천 명의 교통사고 사상자가 발
생하며, 날마다 누군가는 죽음의 공포를 경험합니다.
다음 주행이 마지막 운전이 될지 누가 장담할 수 있겠
습니까? 폭력과 살인이 증가하고 있으며, 폭동이 삶을
불안하게 만들고 있습니다. 전쟁의 위협은 항상 존재
하고, 죽음은 도처에 도사리고 있으며, 당신은 죽음에
대한 두려움에 휩싸입니다.

죽음은 특별한 유형의 두려움이며, 실제로는 가장 큰 두려움입니다. 그렇지 않으면 두려움에 시달리는 것을 묘사할 때, "무서워서 죽을 뻔했다"라는 표현이 그리 일반적으로 사용되지 않았을 것입니다. 예수님께서는 죽음이 내포하고 있는 모든 의미를 알고 계셨습니다. "예수께서 그가 우는 것과 또 함께 유대인들이 우는 것을 보시고 심령에 비통히 여기시고 불쌍히 여기사"(요 11:33). 예수님께서는 나사로가 죽은 뒤 슬픔에 잠겨 있는 누이들에게 오셨고 무덤에 가서 우셨습니다(요 11:33-38). 겟세마네 동산에서 죽음과 죽음의 대왕과 씨름하실 때 예수님께서는 눈물을 흘리셨고 땀이 변해 핏방울이 되셨습니다. 괴로움이 너무 컸기에, 예수님께서 제자들에게 가셨을 때 그분의 얼굴에 공포와 괴로움이 서려 있었습니다.

우리 선조들이 집 벽이나 회계 장부에 "메멘토 모리(Memento mori; 당신이 반드시 죽는다는 것을 기억하라)"라는 문구를 써 놓는 것은 다 이유가 있습니다. 죽음은 돌이킬 수 없는 최후라는 점에서 우리 인생에서 의미

심장한 사건입니다. 왜 우리는 죽음을 두려워하는 것일까요? 단지 이 세상을 떠나기 때문이 아니라 그 이후에 무엇이 있을지 모른다는 불확실함과 두려움이 종종 우리를 괴롭히기 때문입니다. "내가 어디에서 깨어나게 될까? 나는 어디로 가게 될까?" 우리는 이생에서 심은 대로, 우리가 심은 씨앗에 따라 추수하게 될 것을 알고 있습니다. 죽으면 우리는 또 다른 세계로 들어가야 하며, 산 자와 죽은 자의 심판자이신 그분 앞에 서야 합니다. 바울은 서신서에서 믿는 자들에게 이렇게 썼습니다. "이는 우리가 다 반드시 그리스도의 심판대 앞에 나타나게 되어 각각 선악간에 그 몸으로 행한 것을 따라 받으려 함이라"(고후 5:10). 죽음은 불가피하게 우리의 모든 행위와 삶에 대해 설명해야 할 그 자리로 우리를 데려갑니다. 이 땅에 살 때 무슨 수를 써서라도 이것만큼은 피하고 싶을지도 모릅니다.

죽음을 맞이하면 우리는 더 이상 스스로 통제할 수 없고, 무엇을 해야 할지 결정할 수 없습니다. 우리는 전적으로 하나님의 손에 있게 됩니다. 대부분의 사람들, 심지어 하나님을 믿지 않는 사람들도 죽기 전에는 죽음의 공포에 빠집니다. 사망의 골짜기를 지나가는 것은 아마 우리가 견뎌야 하는 가장 큰 고통일 것입니다. 죽음이 다가올 때 우리는 이런 질문을 던지게 됩니다. "사탄이 우리를 자기 왕국에 영원히 데려갈 권한을 가지고 있을까?" 사탄은 고발하는 자입니다. 고백하지 않고 회개하지 않은 모든 죄들은 그에게 우리를 데려갈 권리를 부여합니다. 이것이 아마 당신을 포함한 많은 사람들이 죽음을 생각할 때 두려움에 사로잡히는 이유입니다.

죽음에 대한 생각을 떨쳐 버리는 것은 죽음의 공포를 극복하는 데 거의 도움이 되지 않습니다. 당신을 도울 수 있는 한 가지 방법은 죽음을 준비하는 것입니다. 당신의 마지막 시간, 당신의 운명이 결정될 시간이 다가오고 있다는 것을 기억하십시오. 당신은 사탄의 희생이 되어 어둠의 나라에 끌려가거나, 예수님이 우리를 위해 천국에 예비해 두신 거처에 들어가는 특권을 누리게 될 수도 있습니다(요 14:2 참고). 그러나

신자들이라고 해서 이것이 문제가 되지 않는 것은 아닙니다. 만약 우리가 비판, 다툼, 쓴뿌리, 불화 가운데 살면서 우리 마음에 증오가 자리잡으면 사탄은 우리를 데려갈 권리가 있기 때문입니다. 성경은 믿는 자들에게 이런 일을 하는 자들은 천국에 들어가지 못할 것이라고 말씀합니다(갈 5:19-21). 그러므로 죽음의 순간에 천사들에 의해 예수님의 왕국으로 옮겨지도록 자신을 준비하십시오. 만약 당신이 눈에 띄는 큰 죄나 또는 바리새인의 위선과 같은 분간하기 힘든 죄 가운데 머물러 있지 않고, 말과 생각과 행위로 죄를 지을 때마다 예수님의 십자가 앞에 나와 통회하는 마음으로 죄를 고백하고 용서를 구하며 다른 사람들과 화해한다면, 당신은 천국으로 인도될 것입니다. 하나님은 회개하는 죄인들에게 자비로우셔서 죽음의 순간에 그들이 천국에 들어오도록 허락하십니다.

우리가 아직 은혜의 때에 있고, 세상에 있는 동안 예수님이 진지하게 부르고 계십니다. "너의 죄를 회개하고 고백하라!" 날마다 새롭게 빛을 구하며 예수님께 죄를 가지고 나아갈 수 있도록 기도하면 죄사함이라는 놀라운 일을 경험하게 될 것입니다. 예수 그리스도의 보혈이 당신의 죄를 덮을 것이고, 십자가에서 자신의 죄를 인정하고 회개했던 강도처럼 천국으로 가는 문이 당신에게 열릴 것입니다. 당신이 이미 죄를 인정하고 용서받을 때, 죽음에 대한 두려움은 사라질 것입니다. 그러면 이미 지금 그리고 장래에 죽음의 계곡을 지나 아버지께로 돌아갈 그때에, 마음에 더욱더 큰 평강이 깃들 것입니다.

오늘 당신을 부르시는 예수님의 목소리에 귀를 기울이십시오. "나에게로 오라. 아직 시간이 있을 때 회개하라. 용서받을 수 있도록 내게로 오라. 그러면 사탄이 너에 대한 권한을 잃게 될 것이다. 죽음을 통해 정죄받는 대신 죄를 용서받는 은혜를 누리도록 내게로 오라." 그럴지라도 우리는 그리스도의 심판의 보좌 앞에 서야만 합니다. 누구도 이것을 피할 수 없습니다. 그러나 이 심판은 구원과 관련된 것이 아닙니다. 이 심판에서는 상급을 받거나 잃는 문제를 다루게 될 것인데, 우리가 이 세상에서 살 동안 심은 열매에 따라 상급을 받게 될 것입니다.

죽음을 직면하고 사망의 음침한 골짜기를 걷는 고통에는 영원한 기쁨과 영광이 숨어 있습니다. 그러나 이것은 자신을 준비하고 하나님의 빛이 자신의 삶에 들어와 죄가 깨달아지는 사람에게만 일어납니다. 그러므로 하나님과 사람들 앞에서 자신을 겸손히 낮추십시오. 예수님의 발자취를 따르며, 무엇보다도 예수님을 사랑하십시오. 예수님을 향한 사랑은 항상 이웃에 대한 사랑을 포함합니다. 그리고 당신의 전부를 예수님께 드리면 죽음의 공포가 힘을 잃게 될 뿐만 아니라 놀라운 일이 일어나게 될 것입니다. 많은 그리스도인은 죽음이 점점 가까워질수록 천국도 점점 가까워지는 것을 경험합니다. 그들에게는 신령한 기쁨과 행복이 넘쳐납니다. 예수님이 천군 천사와 많은 성인과 함께 가까이 오셔서 그들에게 '사랑하는 주님이 계신 집으로 곧 가게 된다!'라고 말씀하시기에 그들은 간절한 소망과 기쁨으로 가득합니다.

사랑하는 우리 클라우디아 자매를 통한 경험은 잊지 못할 것입니다. 그녀는 35세로 생명력이 넘치며 한 번도 아픈 적이 없었습니다. 또한 같이 있는 사람까지도 기쁨으로 전염시키는 예수님을 향한 열렬한 사랑을 지닌 자매였습니다. 그러나 이탈리아에서 사역하던 도중 갑자기 심각한 혈액 질환으로 그녀는 마더하우스로 돌아왔고, 전문의에게 치료를 받게 되었습니다. 며칠 후 우리는 클라우디아 자매를 위해 의사가 할 수 있는 일은 더 이상 아무것도 없다는 사실을 알게 되었습니다. 우리는 그녀에게 그러한 사실을 말해야 한다는 것에 대한 우려로 가득했습니다. 마더 마튜리아와 내가 그녀의 병실에 들어갔을 때 어떤 일이 일어났을까요?(사실 그녀는 이미 알고 있었습니다.) 그녀는 세상에서 볼 수 없는 빛나는 미소로 우리를 올려다보았습니다. 주 예수님께서는 그녀를 맞으러 오셨고, 천국의 영광이 그녀 위에 드리워져 있었습니다. 이것은 그녀의 일기에 기록되었는데, 그녀가 로마에서 돌아오던 길에 일어났습니다.

> 비행기가 태양을 향해 날아갔습니다. 갑자기 예수님
> 께서 저에게 이렇게 물으시는 것 같았습니다. "이 병
> 때문에 죽게 된다면?" 오 예수님, 이 순간 당신은 나
> 의 마음을 무한한 열망으로 채우고 계십니다. 곧, 당
> 신을 보게 되고, 곧 당신을 안을 수 있다는 용솟음치
> 는 기쁨을 좀처럼 억제할 수 없습니다! 고향으로 돌
> 아가는 이 비행이 주님의 품에 안기는 비행이 될까
> 요? 이것이 저의 결혼식 비행이 될까요?[4]

예수님께서는 죽음의 권세를 이기셨습니다. 그리고
그분을 믿을 때 우리는 예수님의 승리와 은혜를 경험
합니다. 죽음의 두려움은 사라지고, 스데반처럼 하나
님의 영광을 보게 될 것입니다(행 7:54). 이것이 이 땅
에서 지내는 동안 '천국을 소유한' 사람들의 경험입니

---

4   마더 바실레아 슐링크, *If I Only Love Jesus* (예수님만 사랑할 수 있다면), 클
    라우디아 자매의 간증

다. 그들은 예수님과 사랑으로 하나 되었기에, 그들의 속사람은 천국의 하나님 보좌 우편에 앉아 계신 예수님과 함께했습니다. 죽음은 신령한 생명, 영광의 나라로 가는 문입니다. 오직 예수님을 위해 살았던 사람들은 자신을 주님께 드리고 낮아짐과 순종, 자기 의지의 헌신, 주님을 믿는 길을 따랐기 때문입니다. 그들 안에 사는 것이 그리스도이니 죽는 것도 유익합니다(빌 1:21 참고). 그들의 마음 가운데 있는 영생은 죽음의 순간에도 죽지 않습니다. 오히려 이 신령한 생명은 그들이 무엇보다도 사랑하는, 영원히 뵙게 될 예수 그리스도가 계신 집으로 가게 될 때 더욱 풍성히 드러납니다.

죽음의 두려움으로 인한 고통이 가장 행복한 천국의 기쁨으로 변하다니 거의 감당하기 어렵지 않습니까! 우리가 섬기는 하나님은 가장 깊은 고통까지도 최고의 기쁨이 되게 하시니 얼마나 놀라운 기적의 하나님이십니까! 죽음은 우리를 하나님의 집, 영원한 행복이 있는 천국으로 데려갈 것입니다.

부당한 대우

당신은 이렇게 묻습니다. "어떻게 해야 하지? 집에서나 직장에서나 다른 사람들이 부당하게 나를 이용하고 있잖아! 더 이상 참을 수가 없어. 자기들은 쉬는 동안 나한테는 계속 일을 시키다니…. 하기 싫은 일은 모두 다 나한테 떠맡기잖아. 내가 얼마나 많은 시간과 에너지를 쏟아부어야 하는지는 신경도 쓰지 않아. 가족이나 동료들과 함께 지내는 일이 나에게는 정말 큰 부담이야."

누구도 다른 사람들이 밟고 지나가는 현관의 신 흙털개 취급을 당하고 싶어 하지 않습니다. 이것은 당신에게 불공정하고 비위 상하는 일이기 때문입니다.

부당한 대우를 받는 것은 견디기 힘든 고통일 수 있습니다. 종종 이 고통은 우리의 금전적·재산적 손실뿐만 아니라 직업에도 큰 손해를 끼칩니다. 무엇보다도 우리가 억울해하거나 분노가 쌓일 위험이 있습니다. 아마 누군가가 돈을 빌리고 갚지 않아 사업을 축소해야 하는 고통을 겪은 적이 있을 수 있는데, 그는 심지어 우리에게 화를 내고 욕할지도 모릅니다. 그것이 당신을 두 배로 괴롭게 합니다. 힘들게 번 돈을 다른 사람 때문에 낭비하게 되는 것은 견디기 힘든 일입니다.

이 고통을 어떻게 감당해야 할까요? 나도 예전에 이용당하는 것이 어떤 느낌인지 조금이나마 경험한 적이 있습니다. 나중에는 이것을 더 크게 겪어야 했는데, 이것은 이상한 일이 아니라 그리스도인들의 지극히 정상적인 삶의 한 부분입니다. 나는 35년 전에 이것을 처음 경험했는데 하나님께서 우리 자매회에 주신 메시지를 담은 첫 번째 소책자를 출간했을 때였습니다. 그처럼 재정적으로 어려웠던 시기에 책자를 출간하는 데 드는 비용을 모으는 것은 굉장한 믿음의 모험이었고, 우리는 그 비용을 다 지불할 수 있었다는 사실로 인해 매우 감사했습니다. 당시 우리 작업실에서 만든 카드나 다른 예술작품들을 전시하는 장소로 쓰이는 작은 방이 있었는데, 우리는 그곳에 그 소책자를 쌓아 두고 전시했습니다. 그 후에 무슨 일이 일어났을까요?

집집마다 돌아다니며 기독 서적을 판매하는 한 상인이 마을을 돌아다니다가 어느 날, 우리가 있는 곳을 방문했습니다. 그와 함께 다니던 사람이 우리 전시실에서 그에게 이렇게 말했습니다. "여기서는 원하는 대로 가져갈 수 있어. 모두 공짜야." 그러자 그는 우리 책자를 가방에 가득 채우고는 헌금 박스에 동전 한 푼 넣지 않고 떠났습니다. 우리가 만든 책자나 상품들은 고정된 가격이 없고, 믿음으로 사역하기 위한 방법의 하나로 개인에게 자원하는 만큼 기부하도록 했습니다. 이 기회를 이용해서 그는 그 책들을 가져가서 팔았습니다. 나는 이 문제로 매우 괴로웠고, 그가 우리를 대하는 방식이나 자신의 출판 사역을 수행해 나가는 방식 때문에 마음속에서 불쾌감이 솟아올랐습니다.

그런데 그때 나는 하나님께서 이 사람을 우리에게 보내셨다는 것을 깨달았습니다. 그는 하나님께서 나를 위해 사용하신 도구였습니다. 처음에는 충격적이었지만, 나는 하나님을 충분히 신뢰하지 않았습니다. 그러고 나서 나는 하나님을 의지하고 그분의 도움을 잊어서는 안 된다는 사실을 배웠습니다. 우리는 어린양의 길, 예수님의 길을 따를 때에만 이 도우심을 경험할 수 있습니다. 수년 후에 더욱 심각한 사건이 발생했고, 어린양의 길을 따른다는 것이 무엇을 의미하는지 나에게 점점 더 분명하게 다가왔습니다. 하나님의 아들이었음에도 불구하고 예수님께서는 어린양과 같이, 공생애 기간 동안 부당한 대우를 견디셨습니다. 자신의 모든 권한을 공의롭게 심판하시고 그분의 때에 아들의 무죄를 입증하실 하나님 아버지께 양도하셨습니다(시 9:4 참고). 우리에게 있어서 어린양의 길을 걷는다는 것은 마음속으로 우리의 권리를 주장하고 우리를 이용하며 잘못을 저지른 사람에게 화를 내는 대신, 인내하고 이 고통이 하나님께로부터 온 것임을 받아들이며 모든 상황을 하나님께 맡기는 것을 의미합니다. 하나님께서 우리를 돌보시고 우리를 위해 싸우실 것을 신뢰하면서 말입니다.

어린양의 길을 따르는 것은 우리가 항상 모든 것을 참아야 한다는 것을 의미하지는 않습니다. 주변 사람들이 어떤 잘못을 저질렀는지 깨닫도록 도와주는 것이 우리의 의무일 때도 있습니다. 하지만 이것은 겸손과 사랑, 용서의 마음으로 행해져야만 합니다. 어린양의 길을 걷는 것은 어떤 경우이든지 우리를 부당하게 이용한 사람을 사랑하고 축복하며 그에게 선을 베푸는 것을 의미합니다. 그럴 때 하나님께서는 우리를 축복하시고 도와주실 것입니다. 어린양의 길을 걷는 것이 무엇이고 상대방을 축복하는 마음으로 부당하고 불공평한 대우를 잠잠히 견디는 것이 무엇인지를 점점 더 분명히 배울수록, 받은 피해를 모두 보상받는 것 이상의 능력을 지니신 하나님에 대한 나의 신뢰는 더욱 커져 갔습니다.

예수님을 떠올렸을 때, 이 길은 나에게 매우 소중하게 느껴졌습니다. 단지 내 권리를 얻으려고 노력할 필요가 없었기 때문이 아니라 나를 주님께 더 가까이 가게 하는 놀라운 계획이 있음을 발견했기 때문입니다. 어린양의 길을 가는 동안 나는 주님과 함께 더 깊이 연합할 수 있었습니다. 그뿐만이 아니라 다른 사람들이 나에게 잘못하고 나를 부당하게 이용할 때마다 이 길은 나를 보살피시고 때를 따라 도우시는 하나님의 능력을 증거하는 기회가 되었습니다.

이후 자매회 역사를 통해 나는 이를 풍성하게 경험했습니다. 우리의 권리를 포기할수록 인간적인 계산으로는 사역을 계속 수행하기 어려워 보여도, 주님은 우리를 위해 개입해 주셨습니다. 사람들에게 후원금을 요청하지 않았는데도 하나님은 우리의 모든 필요를 채워 주셨습니다. 우리 자매회에서는 수양관, 양로원, 책자 등 모든 사역에 있어서 사람들이 원하는 만큼 헌금하도록 되어 있습니다. 물론 우리를 부당하게 이용할 수 있는 위험이 있어도 우리는 오늘까지 부족함이 없었고 빚을 지지 않으며 전 세계적으로 사역할 수 있었습니다. 한 수학과 교수는 이것을 "천국의 수학"이라고 불렀습니다.

한 번이라도 다른 사람들이 우리를 부당하게 이용하는 것을 받아들일 자세가 되어 있습니까? 하나님 아버지께서는 우리가 준비되기를 기다리고 계십니다. 이를 통해 주님께서는 우리의 삶을 풍성하게 하실 수 있습니다. 무엇보다도 주님을 신뢰하는 법을 배우면 영적으로 주님과 가까워지기 때문입니다. 우리는 하나님의 자녀가 되는 것이 얼마나 행복한 일인지를 경험할 것입니다. 다른 사람들에게 의존하는 대신 주님께 모든 것을 아뢰어 필요한 모든 것을 받을 수 있습니다. 그리고 만약 하나님께서 우리에게 부당한 대우를 받게 허락하신다면, 그것은 우리를 어린양의 형상으로 빚어가시려는 것입니다. 그러면 우리는 오랫동안 고통받으시고 엄청난 불평등을 견디신 주님과 하나가 되며, 그분께 가까이 가게 될 것입니다. 그러므로 이 고통을 통해 축복의 강이 흘러가게 됩니다. 우리가 자신의 권리를 요구하지 않고 이 길을 따를 때, 이 행복하고 친밀한 예수님과의 연합이 우리의 것이 됩니다. 우리를 예수님과 하나 되게 하고 하나님 아버지와 어린아이와 같은 신뢰의 관계를 쌓는 어린양의 길은 우리를 천국으로 인도할 것입니다. 그곳에서 우리는 주님과 영원히 함께 있게 될 것입니다. 그렇다면 이 고통은 우리에게 무엇을 가져다줍니까? 바로 영원한 기쁨과 더할 수 없는 행복을 가져다줍니다.

증오와 중상모략

　　다른 사람에게 미움이나 중상모략을 받아 나쁜 평판을 얻어본 사람이라면, 이것이 얼마나 영혼에게 큰 상처를 주는지 알 것입니다. 우리는 증오가 사람을 죽인다고 말하는데 증오는 정신적인 살인입니다. 중상모략과 거짓말은 그 당한 사람을 위축시키고 병들게 하는 파괴적인 영향을 가져옵니다. 그 사람의 위신, 평판, 경력 등 많은 것들을 손상시킬 수 있습니다.

　　증오의 원인은 시기와 질투에서 오는 경우가 많습니다. 만약 어떤 사람이 누군가에 대한 증오로 가득 차 있다면, 그 사람의 진술은 비방하는 말이거나 거짓말과 다름없습니다. 그런 사람에게는 자신의 오류를 납득시킬 방법이 없습니다. 오히려 진실을 말해 주면 그의 증오는 훨씬 더 심해집니다.

이 모든 것을 어떻게 견뎌야 할까요? 증오, 중상모략, 수치와 모욕에 시달리는 것은, 심지어 예수님을 위한 것이라 할지라도, 가장 큰 고통 중의 하나임에 틀림없습니다. 다른 많은 고통을 용감하게 견딜 수 있는 사람들도 수치를 당하면, 견딜 수 없어 합니다. 그러나 예수님은 산상수훈에서 주를 위해 욕을 먹고 박해와 거짓을 당하는 사람들에게 가장 큰 복이 있다고 말씀하셨습니다. 예수님께서 우리에게 이렇게 도전하십니다. "그 날에 기뻐하고 뛰놀라 하늘에서 너희 상이 큼이라"(눅 6:22-23, 마 5:11-12).

그런데 이 기쁨이 어떻게 우리의 것이 될까요? 이 기쁨을 얻고 싶지만 우리가 증오와 수치를 당하게 되면 대개 우리의 마음은 깊은 상처를 받습니다. 그래서 포기하거나 원통한 마음이 듭니다. 우리에게 상처를 주고 나쁜 짓을 한 사람들을 떠올릴 때면 반항심이

나 심지어는 증오가 우리 안에 밀려옵니다. 거짓말은 우리의 정의감에 위배되기에 분노가 일어납니다. 억울한 생각과 비난 때문에 괴로워 밤에도 평안히 쉬지 못합니다. 모두들 너무 쉽게 하나님에 대한 반항심이 생기고 이렇게 불평합니다. "도대체 왜 저에게 이런 수치를 당하게 하시는 겁니까? 왜 저의 평판을 이렇게 형편없이 떨어뜨리시는 거죠? 왜 제가 이렇게 많은 증오로 고통받아야 하는 겁니까?" 그리고 우리는 그 상처가 너무 깊어서 절대 치유되지 못할 거라고 생각합니다.

개인적인 경험을 통해 나도 수치심으로 인한 상처가 얼마나 깊을 수 있는지 알고 있습니다. 이 경험은 여러 해 전에 우리 자매회의 설립을 이끌었던 청소년 사역에 부흥이 일어났을 때 있었던 일입니다. 작은 가나안이 설립되고 이곳이 전 세계에서 온 방문객들을 위한 영적 센터로서의 중요성을 갖기 시작하자 점점 더 많은 사람들이 부러워하게 되었고, 중상모략과 증오는 같은 비율로 증가했습니다. 나는 거짓과 비난으로 가득하고 온갖 악한 일들을 내 탓으로 돌리는 편지들을 받았으며, 몇몇 저명인사들은 우리 자매회와 특히 나에 대해 반대하는 캠페인을 벌이기까지 했습니다. 그 편지들은 많은 기독교 단체에 보내졌는데 우리를 조심하라고 경고하면서 만약 우리와 계속 관계를 맺거나 내 서적을 전달할 때에는 보호 조치를 취하겠다고 협박했습니다. 내 책들을 태우도록 강요받았고, 이런 지시사항들은 거의 지켜졌습니다. 공적인 집회에서 나를 반대하는 경고문이 발행되거나 녹음되어 그 중상모략은 전역으로 퍼져 나갔습니다. 우리를 대적하는 사람들은 우리가 성령의 은사를 갖고 있고, 다른 사람들을 회개와 기도의 삶으로 이끌며, 모든 필요를 하나님께 맡긴다는 이유로 우리를 악한 영이라 주장하기까지 했고, 마치 성경의 가르침과 반대되는 것처럼 묘사했습니다. 우리의 명예를 훼손하는 출판물이 계속해서 발행되었고, 이런 것들은 헌신적인 기독교인들의 모임 가운데 번져 나가 심지어는 먼 곳에 있는 선교지까지 전달되었습니다. 대부분의 사람들은 그것을 사실로 받아들였는데 믿는 자들이 거짓말을 하는 것은 불가능하다고 생각했기 때문입니다.

매우 깊은 상처를 받았을 때 당신은 그 고통을 어떻게 견디십니까? 그것을 어떻게 극복하십니까? 하나님께서는 내게 한 가지 방법을 보여 주셨는데 먼저 이 모든 것이 궁극적으로 사람이 아닌 하나님께로부터 온 것임을 깨닫게 도와주셨습니다. 나는 "주님이 하셨군요!"라는 고백이 필수적이며 특권임을 배워야 했습니다. 주님께서 하시는 모든 일은 사랑의 마음에서 비롯된 것이며, 영원하고 지혜로운 계획에 따른 것입니다. 이 고통에는 보화가 담겨 있고, 이것들을 통해 우리는 예수님을 더욱 닮아가게 됩니다. 이를 믿으면, 우리 마음속에는 평화와 평온이 찾아옵니다. 그래서 나는 날마다 "아버지, 이것이 당신의 손에서 오는 것이니 받아들이겠습니다"라고 말씀드릴 수 있었습니다.

우리 주 예수 그리스도는 이 길을 가셨습니다. 그는 수치와 굴욕, 중상모략을 당하셨으며 거짓 비난을 당해 마침내 죄인으로 십자가에 못박히셨습니다. 그 순

결하고 거룩하신 분이 말입니다. 그리고 나는 그분의 제자이며, 그분께 속해 있습니다. 이제 나는 진리이신 주님의 편에 설 수 있는 특권을 소유했고, 어느 정도 주님의 고난에 동참하는 경험을 할 수 있었습니다. 예수님께서 이렇게 말씀하셨습니다. "사람들이 나를 박해하였은즉 너희도 박해할 것이요"(요 15:20). 이것은 내가 예수님의 제자로서 바른 길을 가고 있다는 것을 의미했습니다. 또한 "제자가 그 선생보다, 또는 종이 그 상전보다 높지 못하나니 제자가 그 선생 같고 종이 그 상전 같으면 족하도다. 집 주인을 바알세불이라 하였거든 하물며 그 집 사람들이랴"(마 10:24-25)라고 말씀하셨습니다. 이제 나는 예수님과 더욱 깊이 연합되었습니다. 이제 나에게 그 성경구절을 적용할 수 있는 특권이 생겼습니다. "너희가 그리스도의 이름으로 치욕을 당하면 복 있는 자로다 영광의 영 곧 하나님의 영이 너희 위에 계심이라"(벧전 4:14). 이 얼마나 귀중한 선물입니까! 나의 마음은 위로를 받았으며, 주님의 길에 동참하는 깊은 열정으로 나 자신을 수치와 모욕을 당하신 주님께 올려 드릴 수 있었습니다.

주님께서는 또한 이 모욕의 길이 나를 정화시키는 주님의 계획이심을 보여 주셨습니다. 주님께서는 원수에게 자비로운 사랑을 베푸는 대신 자신의 권리를 주장하는 인간의 전형적인 반응으로부터 나를 깊이 해방시키기를 원하셨습니다. 이 훈계의 길을 가는 동안 하나님의 자비로운 사랑이 나의 삶에 더욱더 넘쳐나도록 내 안에서 일하기를 원하셨습니다. 그분은 놀랍고 거룩한 목적으로 나에게 상처 주는 원수들을 내 삶에 허락하셨고, 이 상처들로부터 자비로운 사랑이 흘러나왔습니다. 이것을 위해 예수님께서는 우리를 구원하셨고, 십자가에 달리셨으며, 모략과 미움을 받으셨고, 고통을 당하셨습니다. 상처받은 주님의 마음에서는 주님을 미워하고 비방하며 십자가 위에서 죽게 만들었던 사람들을 향한 자비와 용서의 사랑만이 흘러나왔습니다.

예수님께서 내 안에 하고자 하셨던 것이 바로 이것입니다. 그리고 당신이 모욕당하고 부당하게 고통받을 때, 당신에게도 같은 일이 일어나기를 원하십니다. 그분은 우리 안에 가장 아름다운 것을 일깨우기를 원하십니다. 원수, 즉 우리에게 상처를 주고 증오하며 비방하기까지 하는 사람들을 향한 자비로운 사랑 말입니다. 우리의 상처로부터 쓴 원망이 아닌 사랑과 용서가 흘러나와야 합니다.

나의 노력으로는 원수들을 향해 이런 사랑을 흘려보내는 것은 불가능합니다. 비록 방어하는 한마디의 말도 없이 모든 것을 조용히 견뎌 낼지라도 나를 부당하게 대우한 사람들을 떠올릴 때마다 여전히 나 자신을 정당화하려고 하기 때문입니다. 그러나 하나님의 어린양이신 예수님께서는 우리를 위해 어린양의 길을 가셨습니다. 대속제물로 십자가에 못박히시고, 구원을 이루셨으며, 그분의 상처로부터 구원과 구속이 흘러나왔습니다. 주님의 거룩한 보혈에는 우리를 자비로운 사람으로 변화시킬 수 있는 구원의 능력이 있습니다. 따라서 주님이 나를 어린양으로 만드시도록 나는 날마다 새롭게 어린양의 보혈을 구했습니다. 내가 온갖 부당함을 견딜 뿐만 아니라 마음으로부터 사랑하도록 말입니다. 예수님은 나의 기도를 들으셨고 시간이 지날수록 원수를 향한 자비로운 사랑을 더 많이 쏟아부어 주셨습니다.

나와 비슷한 경험을 하신 분으로 원수를 사랑하기를 갈망하는 사람은 누구든지 예수님의 보혈을 구할 수 있습니다. 예수님의 구원은 여전히 유효하며, 우리는 사랑하기 위해 구원받았습니다. 원수를 사랑하라는 예수님의 명령에 따라 살지 못했음을 겸손하게 인정하고, 기꺼이 그들이 주는 고통을 감내하기로 결단할 때, 예수님의 구원은 우리 삶에 효력을 발휘합니다. 그럴 때 구원의 능력으로 우리는 원수를 사랑하는 것이 특권임을 알게 될 것입니다. 그 과정 속에서 나는 어느 때보다도 깊은 평안이 나의 마음을 채우는 것을 경험했으며, 예수님이 산상설교에서 말씀하신 그 기쁨을 맛보았습니다.

주님이 주시는 기쁨은 고통 가운데에서 시작되며, 우리의 시선을 천국으로 향하게 합니다. 그곳에서는 우리에게 더 이상 원수가 존재하지 않습니다. 우리는 더 이상 미움과 박해와 모욕과 비방을 받게 되지 않고, 더 이상 우리에 대한 거짓말이 퍼지지 않습니다. 오히려 우리는 사랑하는 사람들과 교제하게 되고 영원한 사랑이신 예수님과 함께 거하게 됩니다. 이것은 이전에도, 지금도 나에게 큰 위로가 됩니다. 우리는 기쁘게 주님이 계신 집으로 돌아갈 날을 기대할 수 있습니다. 또한 이 땅에서 증오를 극복하고 사랑으로 반응한 사람들은 면류관을 받게 될 것입니다. 진리의 말씀대로, 예수님의 이름을 위해 박해와 비방을 받은 사람들은 영원한 그의 나라에서 기쁨과 영광을 풍성히 누릴 것입니다.

현재의 고통은 잠시뿐입니다. 수치와 모욕, 증오, 비방, 우리가 이 땅에서 겪어야 할 모든 것들은 곧 사라집니다. 그러나 우리가 그 후에 받게 될 것들은 영원합니다. 그리고 성경에서 말씀하고 있듯이 이 땅에서 수모를 당하고 미움과 비방을 받은 사람들은 영원 가운데 높임을 받을 것입니다. 하지만 이 땅에서 비방과

수모 중에도 이것을 경험한다면 말할 수 없는 은혜입니다. 증오와 비방의 한 가운데에서 우리는 원수를 사랑하는 것을 배우게 되며, 이 땅에서 사랑을 꽃피워 나갈 것입니다. 사랑할 수 있다는 것은 우리의 삶을 풍성하게 하고, 다른 사람의 증오를 한 번도 경험하지 못한 경우보다 우리를 훨씬 더 행복하게 만듭니다.

증오와 비방에 직면하는 것은 특별히 심한 고통이지만 바로 이 때문에 특별한 축복이 그 안에 숨어 있습니다. 사실입니다. 모욕은 우리를 더 작고 낮아지게 만듭니다. 이것은 우리가 바라는 것이 아닌가요? 예수님을 닮아가 어느 날 그분과 얼굴을 대면하기를 갈망하지 않습니까?

증오와 비방의 화살에 맞았을 때 항상 새롭게 "예"라고 대답하고 헌신해야 합니다. "나의 주 예수님, 나의 아버지, 이 고난을 받겠습니다. 주님의 길을 주님과 함께 가겠습니다. 저는 이 수모의 고난이 필요합니다. 모욕은 겸손하게 만들기에, 이를 통해 저를 더욱 겸손하게 할 것입니다." 우리가 이렇게 헌신할 때 고통의 쓰라림은 사라질 것입니다. 나에게 마치 예수님께서 이렇게 부르시는 것 같습니다. "더 깊이, 더 깊이 엎드려라. 그러면 나의 은혜가 네게 임하고, 말할 수 없는 수치와 모욕의 길을 따르기로 선택한 주님께 더 가까이 가게 될 것이다." 주님과 가까워지는 것보다 더 큰 기쁨이 어찌 있을 수 있겠습니까?

에필로그

저의 영적 딸들은 자신들에게 매우 유용했던 개인적인 편지들로 이 책의 결론을 맺어 달라고 부탁했습니다.

1983년 4월 사랑하는 딸들에게,

다가오는 세대에 너희들 중 몇이 겪을지 모르는 내적 갈등, 역경, 어려움과 어쩌면 더 심한 고통을 통과해야 하는 어둠의 때에 너희들에게 도움이 될 만한 몇 가지 구절을 소개하며 안부를 전하고 싶구나. 이 아래에 있는 세 가지 구절은 내가 '눈물의 골짜기'를 지나갈 수 있도록 도와준, 손에 쥔 단단한 지팡이란다. 첫 번째 것은 찬송가 구절 중의 하나란다.

주님께서 허락하지 아니하시면 아무 것도 나에게 일
어날 수 없네. 그리고 그 모든 것은 내게 유익하네.

파울 플레밍(Paul Fleming, 1609-1640)

나머지 두 가지는 내가 너희와 자주 나누었던 성경
구절이란다.

주님이시라!(요 21:7).

그의 경영은 기묘하며 지혜는 광대하니라(사 28:29).

이 세 가지 구절들은 기적과 같은 효과가 있지. 나
는 이것들을 시험해 보고, 이 구절들이 어떻게 모든 것
을 변화시키는지 경험했단다. 이 구절들은 내 삶의 일
부가 되어 괴로움이나 고통을 느끼거나, 괴로운 소식
을 듣거나, 부담과 해결되지 않은 문제들이 나를 삼키
려고 위협해 올 때면 즉시 마음속에 떠오른단다.

"주님께서 허락하지 아니하시면 아무 것도 나에게
일어날 수 없네. 그리고 그 모든 것은 내게 유익하네"

라는 말은 경이로운 힘을 가지고 있단다. 이 말씀을 들을 때 우리는 "나에게 일어날 일을 결정하시는 분이 누구신가?"라고 묻게 되기 때문이지. 그분은 바로 하늘에 계신 우리 아버지, 사랑하는 아버지란다. 그분은 무한한 권능으로 우리를 마음대로 다루시는 폭군이 아니라 사랑으로 내게 일어날 모든 일을 계획하셨지. 하나님께서 나의 하루 동안 내 삶에서 일어날 어려움을 비롯한 그 밖의 모든 일들을 생각하고 계신단다. 무슨 일이 어떻게 누구를 통해 일어날지 이 모든 것을 고려하신단다. 나에게 어떤 것이 행복을 가져오고 유익한지 고려하시지. 나에게 발생하는 모든 일은 사랑이신 주님의 마음에서 계획되었단다. 그 모든 것 뒤에는 사랑의 목적이 담겨 있지.

이러한 확신은 우리의 괴로움을 덜어 주고 마음에 안정을 준단다. 언제 누가 나에게 상처를 주고 고통스럽게 하든지, 언제 가정에 문제가 생기고 병을 얻게 되든지, 언제 나의 소망과 계획이 좌절되고 시험과 유혹에 빠지든지, 궁극적으로 그것은 어떤 특정한 사람이

나 환경, 일련의 사건의 책임이 아니라 모든 것은 우리를 사랑하시는 하늘 아버지의 손에서 온단다!

둘째로 "주님이시라!"라는 말씀은 고통과 어려움, 예상치 못한 역경이 우리 삶에 닥쳐올 때, 실제로 우리 마음의 문을 두드리고 계신 분이 주님이시라는 것을 말해 준단다. 주님은 나를 사랑하시고 고난을 통해 내게 오시길 원하시지. 만약 너희 삶에 지금 문제가 있다면, 주님께서 너희들에게도 똑같은 일을 하실 것이란다. 혹시 주님이 보이지 않거나 주님을 알아보지 못하고 있니? 아니면 예수님께서 부활하신 후에 갈릴리 바닷가에 있던 제자들처럼 낙심하고 있니? 당시 제자들은 매우 고통스러운 상황이었단다. 예수님을 위해 일터와 다른 모든 것을 포기했던 그들은 이제 생계수단이 사라졌단다. 심지어 더 이상 먹을 것이 없는 상황까지 도달했지. 그들의 유일한 소망은 고기를 많이 잡았으면 하는 것이었지만 그것조차 실패했어. 아무런 도움을 받지 못했고, 하나님께서 자신들을 완전히 버리신 것처럼 생각했지. 왜 주님께서 그들을 이렇게 고통스러운 상황으로 인도하셨을까? 그래야만 그들이 주님을 만날 수 있기 때문이란다.

그런데 그들에게 "얘들아, 너희에게 고기가 있느냐?"라고 물으신 분이 주님이셨다는 것을 안 사람이 누구였을까? 그 사람은 예수님을 진정으로 사랑했던 요한이었단다. 그렇게 자애로운 말은 오직 우리 예수님에게서만 나올 수 있기 때문에 그는 그분이 예수님이 틀림없다는 것을 알았단다. 예수님은 그들을 "얘들아!"라고 부르셨지. 주님의 표현은 3년 동안 제자들과 전 지역을 다니며 사역하실 때보다 더 부드러웠단다. 그리고 예수님께서는 제자들에게 먹을 것이 있는지를 물으셨단다. 비록 더 이상 육신의 몸을 입지는 않으셨지만 부활하신 주님은 제자들이 어떻게 생활하고 있으며 무엇이 필요한지 알고 싶어 하셨지. 그러나 요한과 달리, 다른 제자들은 주님을 알아보지 못했단다. 그들이 주님의 사랑을 알아보지 못했던 것처럼, 우리도 자주 그런 것 같구나.

주님께서 우리의 눈을 여셔서 그분의 사랑을 보게

하시기를, 그래서 "주님이시군요! 제가 고통 가운데 있을 때 주님의 사랑이 저를 주님께로 이끌어 줍니다"라고 말할 수 있기를 바란다. 그럴 때는 주님께서 마치 이렇게 물으실 것 같단다. "나의 자녀야, 무엇이 부족하니? 내가 여기, 바로 네 옆에서 너를 도와주려고 한단다. 너는 모든 문제가 놀라운 하나님의 역사로 변화되는 것을 보게 될 것이란다. 고난 속에 있는 너에게 내가 왔기 때문이지. 나를 신뢰하라. 더 이상 사람이나 환경을 바라보지 말고, 네 눈을 내게로 돌리라. 나는 네가 나를 보고, 나를 받아들이며 나에게 사랑을 보여 주기를 원한단다. 문제가 생길 때면 그것들이 너를 내게로 데려왔음을 기억하거라. 실제로, 네게 문제가 생기기 시작했을 때 나는 네게 가는 중이었고 지금 네 곁에 있단다. 너를 도울 준비가 되어 있는데 너만 나를 보지 못하는구나. 너의 눈을 열어 너에게 온 것이 나인 것을 깨닫기를 바란다. 너의 삶을 어렵게 만든 것은 어떤 사람도, 역경도 아니란다."

그때부터 "주님이시라!"는 요한의 고백은 모든 것

을 바꾸어 놓았단다. 그리고 몇 년 동안, 내가 역경 속에서 이렇게 고백할 때마다 변화가 찾아오는 것을 발견했단다. 나는 위로를 얻었고, 내 마음은 평안과 주님을 향한 신뢰로 채워졌지.

나에게 계속해서 도움을 주었던 또 다른 것은 나의 문제가 매우 놀라운 하나님의 목적과 연결되어 있음을 아는 것이었단다. "그의 경영은 기묘하며 지혜는 광대하니라." 하나님의 신성한 계획에 따라 실제로 주님은 고통이라는 길을 통해 나를 영광스러운 목표로 이끌어 가고 계신단다. 그의 경영은 놀랍고, 깊은 고통의 시간 동안 나는 이것이 사실임을 깨달았단다. 내 삶에 일어난 고통 가운데 영원한 사랑이신 하나님께서 계획하신 목적이 있다는 것을 아는 것이 얼마나 큰 위로가 되는지! 나는 자주 지나고 난 후에야 깨닫지만 고통 속에는 놀라운 보화가 들어 있단다. 왜냐하면 하나님의 생각은 나의 생각보다 무한히 크시기 때문이지. 긴 여생을 돌아보았을 때, "당신의 이끄심이 고통스러울 때도 많이 있었지만 당신은 저를 경외심으로 채우시며 모든 것을 놀라운 목적으로 이끄셨습니다. 저를 깨뜨리실 때마다 당신은 그 폐허 속에서 새로운 것을 창조하셨습니다"라고 고백하며 주님을 찬양할 수밖에 없구나. 주님의 채찍은 사랑의 채찍이었고, 그것들을 통해 주님은 나를 정화시키시고 천국을 위해 준비시키기를 원하셨단다. 때로는 수년이 걸리기도 했지만, 주님의 신령한 계획에 따라 복잡한 상황이 정리되고 큰 문제와 어려움들이 놀라운 방식으로 해결되었단다.

이런 경험을 매우 자주 했기 때문에, 나는 새로운 역경이나 해결되지 않은 문제에 직면할 때 평안 가운데 머무를 수 있단다. 내 마음속에서는 승리를 향한 확신이 생기기 때문이지. "당신의 사랑의 계획이 모든 것 뒤에 있으며, 이 문제 역시 그럴 것입니다. 당신은 영광스러운 목적지로 저를 이끌어 가고 계십니다."

이런 상황에서 나는 마치 "하나님의 계획과 목적"이라는 배에 탑승하고 있는 것처럼 느껴진단다. 예수님께서 파도 위를 가르시며 직접 배를 운전하시지. 파도가 격렬히 일고 우리를 삼키려 위협해 올지도 모르지만, 키를 잡고 계시는 그분은 모든 것을 통제하신단다. 내가 그 배에 타고 있을 때는, 그분이 우리를 어디로 이끄시든지, 우리의 삶에 어떤 일을 허락하시고, 어떻게 우리를 다루시든지, 오직 그분이 나를 향해 계획하신 것이 이루어지기를 갈망하게 되지. 그러고 나서 나는 이 배가 '영광'이라는 해안에 다다르는 것을 경험한단다. 우리 인생을 향한 주님의 계획과 목적이 얼마나 놀라운지를 이생에서도 분명히 알게 될 때가 있단다. 그러나 만약 지금 알게 되지 못하면, 나중에 내가 탄 배가 영생이라는 해안에 다다를 때, 나는 그분이 이끄신 영광스러운 목적을 보게 될 것이란다.

그러니 사랑하는 나의 딸들아, 그것을 시험해 보거라. 크고 작은 어려움이 생길 때, "주님이시군요. 이것을 내 삶에 허락하신 분은 나의 구주 예수님이십니다"라고 말해 보지 않겠니? 그러면 하나님의 이끄심이 힘들고 이해할 수 없는 것처럼 보일 때, 아마 이렇게 반응하게 될 것이란다. "사랑하는 아버지, 아버지께서 나를 위해 사랑으로 계획하지 않으셨다면, 어떤 것도 나에게 일어날 수 없습니다. 그리고 그것은 나에게 유익합니다. 그래서 저는 비록 힘들지라도 이 길을 가기 원합니다. 저를 향한 당신의 목적에 반대하고 싶지 않습니다. 이는 저를 영생의 영광스러운 목적으로 이끄시는 것을 막을 것이고, 제 삶을 향한 당신의 놀라운 계획을 망치게 할 것이기 때문입니다." 그러니 아버지 앞에 자신을 내려놓고, 항상 새롭게 이렇게 고백해야 한단다. "당신의 신령한 계획과 목적에 제 자신을 온전히 드립니다."

이렇게 하면 우리는 그 배에 타게 되고, 그 배가 파도를 넘어 우리를 안전하게 하나님의 성으로 인도할 것이란다.

오늘 우리 주님이 당하고 계신 모든 증오와 조롱과 모욕을 생각할 때, 그분께 기쁨을 드리고 싶은 열망이 우리에게 있지 않니? 우리가 주님의 계획에 우리 자신을 온전히 맡길 때, 주님께 기쁨을 드릴 수 있단다.

이 세 가지 말씀은 매우 중요하단다. 이것을 우리

자신의 것으로 받아들일 때, 그 잠재력을 발견하게 될 것이란다. 그래서 고난이 우리를 넘어뜨리려 하고, 불신과 낙심을 불러오며, 절망 속에 빠지게 할 때마다 우리가 이렇게 고백하는 것을 예수님께서 듣게 되시기를 바란다.

나의 구주 예수님,

바로 당신이십니다.

고통 한가운데에 있을 때 우리 하나님 아버지의 사랑을 이렇게 찬양하기를 바란다.

나의 아버지, 모든 것이 당신의 놀라운 계획 안에 있습니다. 그리고 당신은 모든 것을 영광스러운 목적으로 이끄실 것입니다.

그분께 신뢰를 드리며 말씀드리자.

아무 일도 일어날 수 없습니다,

사랑하는 아버지,

당신께서 나를 위해 예비하지 않으셨다면.

그리고 모든 것이 내게 유익합니다.

감사드립니다.

제가 여기에 있습니다.

저는 당신의 자녀입니다.

당신을 신뢰하며,

저의 신뢰로 주께 기쁨을 드리기 원합니다.

고통이 어떻게 유익이 될 수 있는지, 이 세 구절을 통해 우리에게 보여 주시니 주님께서 우리에게 주신 축복이 얼마나 놀라운지요!

따뜻한 인사와 함께
한 사람 한 사람을 기도 가운데 기억하며
마더 바실레아